법과 싸우는
사람들

법과 싸우는 사람들

1판1쇄 | 2011년 8월 25일
1판3쇄 | 2016년 1월 25일

지은이 | 서형

펴낸이 | 정민용
편집장 | 안중철
편집 | 윤상훈, 이진실, 최미정, 장윤미(영업)

펴낸 곳 | 후마니타스(주)
등록 | 2002년 2월 19일 제300-2003-108호
주소 | 서울 마포구 양화로6길 19, 3층(서교동)

편집. 02-739-9929/9930
영업. 02-722-9960
팩스. 0505-333-9960
홈페이지. www.humanitasbook.co.kr
이메일. humanitasbooks@gmail.com
블로그. humanitasbook.tistory.com
페이스북. facebook.com/Humanitasbook
트위터. @humanitasbook

인쇄. 천일 031-955-8083
제본. 일진 031-908-1407

값 10,000원

ⓒ 서형 2011

ISBN 978-89-6437-142-8 04300
        978-89-90106-16-2 (세트)

이 도서의 국립중앙도서관 출판시도서목록(CIP)은
e-CIP홈페이지(http://www.nl.go.kr/ecip)와
국가자료공동목록시스템(http://www.nl.go.kr/kolisnet)에서
이용하실 수 있습니다. (CIP제어번호: CIP2011003379)

우리시대의 논리 ⑭

법과 싸우는 사람들

서형 지음

후마니타스

차례

일러두기

1. 이 책에 나오는 사건 관련 인물들 가운데, 자신의 이야기가 책에 나오는 것을 원하지 않
으리라고 판단되는 사람들은 대부분 가명으로 표기했다.

2. 법정에서의 공방은 공판조서와 저자의 방청 기록에 토대를 두어 작성했다. 재판 이전 상
황에 대해서는 관련 당사자들을 면담해 작성한 녹취록에 근거했다. 더 자세한 내용은 재
판 자료 및 인터뷰 기록을 모아 둔 저자의 사이트(http://2bsi.tistory.com)에서 참조할
수 있다.

3. 법률 전문가들의 진술은 녹취를 바탕으로 작성했고, 본인들의 확인과 수정을 거쳤다.

4. 법률 용어의 정확한 사용에 대해서는 현직 판사와 변호사 등 많은 분들의 도움을 받았
다. 이름을 밝힐 수는 없지만, 그분들 모두에게 감사한다.

5. 단행본, 정기간행물에는 겹낫표(『 』)를, 법령, 공연물, 텔레비전 프로그램 등에는 홑꺾
쇠(〈 〉)를 사용했다.

6. 녹취 내용 가운데 일부와 부록으로 첨부한 판결문은 문법에 맞지 않는 표현이라도 그대
로 두었다. 일부 사실관계가 다른 기사도 내용을 바꾸지 않고 인용했다.

1장

보통 사람과 법

이 책의 주인공들은 지극히 평범한 보통 사람들이다. 우리가 사는 곳 어디에서나 만날 수 있는 동네 슈퍼 아줌마, 세탁소 주인, 복덕방 아저씨 같은 서민들이라고 봐도 좋다.

이들 사이의 소송 사건이 사회적으로 관심을 끌 이슈가 되기는 어렵다. 그들 입장에선 "죽어도 잊을 수 없을 만큼 억울한" 사건이고 자신들의 "삶을 통째로 앗아간" 비극적 싸움이겠지만, 다른 사람들에게는 신문에 한 줄 나기도 힘든 개인들 간의 다툼에 불과하게 여겨지기 때문이다.

그러나 장담하건대 이런 일들이란 우리 사회의 최대 다수를 이루고 있는 보통의 서민들이 가장 고통스러워하는 사연이 아닐 수 없다. 송사訟事에 휘말려 집안 망한 이야기, 그 때문에 평생 집안끼리 혹은 집안에서 원수가 되고 칼부림 나는 이야기를 어디서든 쉽게 들을 수 있기 때문이다.

이들 사이의 사적 갈등이 법원으로 가서 원만하게 해결될 수 있었다면, 다시 말해 법이 갈등 해결의 좋은 중재자로 기능했더라면 아마 이런 책을 써야 할 일도 없었을 것이다. 아니 그 전에 법 앞에서 이들이 평등한 시민이자 하나의 독립된 인격체로 대우받을 수 있는 사법 환경이 갖춰져 있었다면 이야기는 달라졌을 것이다. 하지만 그렇지 못했고 나는 이 책에서 그 이야기를 하고자 한다.

이 책은 우리 사회의 평범한 보통 사람들에게 도대체 법이란 어떤 의미로 다가가고 있는가를 있는 그대로 보여 주고자 하는 하나의 증언이다.

나는 서형이라고 한다

2006년 말부터 인터뷰를 일로 삼았다. 시작은 동네 상가에서였는데 움켜쥔 질문은 딱 하나였다.

무엇이 당신을 화나게 하는가?

이 질문을 들고 무작정 시장, 빈민가를 찾아다녔다. 그렇게 사람들을 만나던 중 2007년 1월 15일 '석궁 사건'과 마주쳤다. 사법부의 위세에도 물러서지 않고 저항하는 한 교수는 사방으로 돌던 내 눈과 발을 한곳에 묶었다. 철썩 달라붙어 짧지 않은 시간을 기록에 매달렸다. 그 작업은 2009년 발간한 『부러진 화살 : 대한민국 사법부를 향해 석궁을 쏘다』에 고스란히 담겨 있다. 고집스러운 교수 덕에 시작한 사법부 들여다보기는 다시 이 책의 주인공인 한 평범한 아주머니의 법정 싸움을 지켜보는 것으로 이어졌고, 결국 이 책을 내기에 이르렀다.

이 책을 구상한 시점은 『부러진 화살』을 쓸 때로 돌아간다. 이 책의 주인공 임정자 씨는 석궁 사건 재판 때 방청석 한편에서 조용히 앉아 있던 아주머니였다. 그 인연으로 몇 번 만나서 이야기를 듣다가 그녀가 20여 년 동안 소중하게 보관한 사건 기록을 접했다.

당시 석궁 사건의 당사자인 김명호 교수는 판사 앞에서는 굽실거리면서 뒤에서 욕하는 다른 사법 피해자들을 '노예근성을 지녔다'고 비판했다. 김 교수의 기준대로라면 임정자 씨도 인정받지 못할 수 있다. 하지만 비타협적 저항과 비굴한 침묵이라는 양 극단 사이에도 보통 사람들이 개척해 온 길이 있음을 그녀의 삶은 실증하고 있었다. 나는 그 사실을 이 책으로 보여 주고 싶었다.

법이란 무엇인가

이종광 판사는 태양을 중심으로 행성이 궤도를 도는 것에 비유했다. 화성·지구·목성·토성은 서로 달리지만 누가 앞서가는지 상관하지 않는다. 다만 궤도를 지킬 뿐이란다. 법도 그렇게 각자가 자기에게 주어진 길을 가는 것이라고 말한다. 법대로만 하면 되고 그러면 논란의 여지없이 누구에게나 엄격하게 집행된다는 것인데, 그렇게 생각하지 않는 사람들도 많다.

이 책은 주어진 절차에 따라 법을 집행한다고 주장하는, 우리 사회의 법원과 관련된 이야기를 담는다. 법적 분쟁을 해결하려면 이를 판단하는 주체가 공정해야 할 것이다. 공정함은 판단 주체에 대한 믿음에서 나온다. 하지만 많은 시민은 법원, 나아가 사법부를 믿지 않는다. 오히려 힘없는 사람일수록 공정하지 않은 사법부 때문에 손해 보는 일이 많다고 여기는 듯하다.

물론 이 같은 불신에 대해 법원도 할 말이 있다. 패소를 받아들이지 못하는 시민 의식에도 문제가 있다는 것이다. 재판에서 지면 자신에게 잘못이 있다고 생각하기보다 법원 탓으로 몰아붙인단다. 이들이 결과를 받아들이지 못하는 것은 법원에 대한 무지와 오해가 낳는 불신 때문이라는 것이다.

언론 역시 왜곡된 정보를 전달해 사법부에 대한 불신을 조장하는 것으로 지적된다. 판결문 전체에서 드러나는 취지는 무시한 채 선정적이고 자극적인 부분만 골라서 독자에게 전달한다는 것이다. 하지만 법원 안에서도 다른 시각은 있다.

한 법원 관계자는 "법원에 대한 곱지 않은 시선에 대해 근거가 없다며 하소연하기만 하는 것은 잘못이다."라고 말했다. 덧붙여 "법원 내부도 변화해야 하는데 그렇지 못했고, 소통에도 게을렀다."라고 지적했다.

물론 사법부도 끊임없이 변화했다. 참여정부 때부터 받아들인 '양형 기준제'는 전관예우 특혜를 없애는 데 기여했다. 형사사건에서 중죄에 한해서는 국민 참여 재판도 시작했다.

여성 대법관을 받아들였으며 일정한 법조 경력을 갖춘 변호사 가운데 능력과 인품이 검증된 사람을 판검사로 임용하는 '법조 일원화' 정책을 확대할 것을 약속했다. 사회적 약자를 위한 소송 구조 제도도 운영된다. 이는 일반 법원에 신청해 소송비용을 전액 차용하거나

10

무료로 지원받을 수 있는 제도를 말한다. 이런 것들이 법조 관계자가 내세우는 사법부의 변화다. 그리고 그들이 법원에 대한 일방적인 불신을 부당하게 생각하는 근거이기도 하다.

한편, 사법부가 운영하는 것은 아니지만 〈법률구조법〉에 의해 설립된 대한법률구조공단도 무료 법률 상담, 변호사 선임 등을 지원한다. 영세민이나 국가유공자에게는 소송에 들어가는 비용을 전액 지원한다. 지원금은 변호사 선임을 비롯한 인지대와 송달료 등의 재판 비용으로 쓰인다. 인지대는 소장을 접수하기 위해 필요한 금액이다. 보통 소장에 국가가 세금을 걷는 수단으로 발행한 (우표처럼 생긴) 수입인지를 해당 금액만큼 사서 붙인다. 송달료는 재판 기일 통지, 판결문 등 법원의 서류를 당사자에게 우편으로 보내는 비용이다.

재판 과정에서 또 다른 주체가 되는 변호사도 대체로 법정을 합리적인 공간으로 인식했다. 취재를 하다 보면 이 같은 인식을 뒷받침하는 사례를 종종 만날 수 있다. 그리고 다른 한편에서는, 사건을 과장하거나 법률적으로 그른 주장을 굽히지 않는 사람들이 있다. 합리적인 틀을 무시한 채 떼쓰고 악만 부리는 사람들도 있다.

하지만 법과 제도를 외면한 채 악을 써서라도 일을 해결하려는 사람들에게 합리적인 사고란 없는 것일까.

최 씨 아주머니라고 있다

그녀는 2006년 10월 도로에서 택시와 충돌하는 사고를 당했다. 당시 병원에 찾아온 택시공제조합 담당자는 최 씨에게 '기왕증'(과거 질병)을 거론하며 치료를 거부했다. 최 씨는 강제 퇴원 위기까지 맞자 환자복 차림으로 택시공제조합 담당자를 찾아가 따졌다.

담당자에게 따지니 어디론가 가더군요. 그 자리를 꿰차고는, 아는 사람들에게 전화해서 아픈 사람을 가짜 환자 취급한다며 하소연했어요. 담당자가 와서는 화를 내더라고요. 그래서 옆으로 비켜 앉았지요. 말을 계속 걸었더니 또 볼일 보러 나가요. 사무실을 둘러보니 소파가 있어 그곳에 드러누웠어요. 소장실 소파가 정면으로 보이는 자리였지요. 좀 있으니 경찰이 왔어요. 업무방해로 신고했나 봐요. 그런데 경찰도 이야기를 들어 보더니 '사실 관계인'이라 손을 쓸 수 없다고 하더군요. 강제로 데리고 나가다가 다치면 모두 경찰 책임이 된다는 것이지요.

그러자 택시공제조합은 법대로 하겠다고 나왔다. 최 씨 아주머니에게 조합은 '채무 부존재 확인의 소'를 제기했다. 조합이 최 씨에게 줄 돈이 없다는 증명을 받고자 소송을 걸었다는 말이다. 법대로 하자는 조합에 맞서 최 씨는 자기 방식대로 밀어붙였다.

그날 사무실 직원 세 명이 불침번을 섰어요. 저는 소파에 계속 누웠는데 다음 날 출근한 사람들이 [저를] 없는 사람 취급하며 일을 하더군요. 아파서

울기 시작했지요. 그런데도 계속 못 본 척해요. 더 크게 울었지요. 소리 지르고 드러누웠다가 앉아서 울고, 다시 드러누웠다가 소리 지르고 했더니 소장이 사건 담당자에게 짜증을 내기 시작하더군요. 경찰도 손을 놓았고요. 제가 진짜로 아픈 것을 직접 본 불침번 직원들이 저를 병원으로 보냈어요. 그 뒤로 3개월 정도 병원에서 치료받을 수 있었어요. 이후에도 보상금 문제 때문에 치료 기간을 인정해 주지 않겠다는 이야기가 나왔는데 "가족 모두 데리고 가서 단식투쟁할까요?" 했더니 태도가 바뀌더군요.

합리적인 법 절차는커녕 '진상' 소리 듣기 좋은 짓을 한 최 씨를 어떻게 봐야 할까? 또 이런 사연도 있다.

김기수 씨라고 있다

그는 2002년 하반기, 현대건설이 분양하는 주상복합건물 지하상가를 분양받아 식당을 열었다. 당시 건물 분양 계획서는 지하 1층을 전문 식당가로 규정했다. 하지만 이듬해 현대건설은 지상 점포 분양 실적이 저조하자 지상 1층에도 식당이 들어서게 했다. 김기수 씨는 현대건설에 항의했지만, 돌아온 답은 '법대로 해라'였다.

김 씨는 소송을 하지 않는 방안을 찾고자 했다. 우선 시정·징계 조치를 해줄 만한 행정기관을 찾아다녔다. 하지만 구청·소비자보호원·대한상사중재원·공정거래위원회 등에서 돌아온 것은 '규정이 없다'는 답뿐이었다.

김 씨는 결국 2005년 말 적자운영으로 폐업하면서 빚더미에 앉았다. 김 씨는 그제야 현대건설을 상대로 분양 대금 반환 소송(2006가합98816)을 제기했다. 그리고 1심에서 졌지만 항소심에서 가까스로 이겼다. 하지만 승소 판결을 받은 김 씨조차 사법부에 대한 감정은 좋지 않다. 오히려 승소 판결을 받기까지의 경험은 불쾌한 기억으로 남아 있다.

그 이유는 뭘까? 찰스 디킨스Charles Dickens의 소설을 기반으로 한 영화 〈황폐한 집〉Bleak House이 보여 주듯이 소송을 한다는 것 자체가 시대와 상관없이 사람을 진저리치게 만드는 부분이 있다. 영화에서 잔다이스 대 잔다이스 소송에 매달린 리처드 카스톤은 재판을 받는 심정을 이렇게 표현했다.

솔직히 좀 동요하고 있어. 어떨 때는 희망적이다가도 어떨 때는 그게 절망적인 정도가 아니라 끝장인 것 같기도 해. 이건 너무나 진저리나는 일이야.

김기수 씨는 1심에서 패소했던 데는 법원의 탓도 있다고 여겼다. 김 씨는 1심이 진행되던 중 가게가 경매로 넘어가자 목적물이 해제됐다는 이유로 패소했기 때문이다. 경매는 2006년 5월 10일 개시돼 2007년 10월 9일 가게가 매각됐는데, 그사이에 재판은 기일 변경과 변론 재개로 일정이 늘어졌다.

김 씨는 이를 식당을 매각할 때까지 현대건설 측이 의도적으로 시간을 끈 것으로 본다. 그리고 법원도 이를 거들었다고 생각한다. 항소심 재판장이 적극적으로 조정을 제안하는 걸 보면서 왜 1심 재판부는 '조정'을 단 한 번도 제안하지 않았는지 의아해 했다. 김 씨는 법률구조공단에서 변호사를 물색했지만, 서류가 미비하다는 이유로 거절당했다.

이 지점에 이르면, 사람들은 법과 싸우고 어떻게든 재판에서 이기는 방안을 찾는다. 그게 뭘까? 취재를 하면서 만난 힘없는 자들이 짜낸 지혜. 그 지혜가 사람들 사이에서 '소송 기술'이라고 불린다는 것을 알았다. 뜻밖에도 그 소송 기술은 전문가도 인정하는 개념이다.

변호사들은 소송 기술을 크게 두 가지 의미로 말했다. 좁은 의미로는 사건의 실체를 제대로 드러내기 위해 당사자의 이야기를 법률적인 주장으로 정리한 후 복잡한 사실 관계를 법률적 요건 사실에 맞게 취사선택해 그 입증 방법을 찾아내는 것을 말하며, 넓은 의미로는 당사자에게 유리한 증거를 재판부에게 확실하게 각인시킬 수 있게 적절한 제출 시점을 파악해 내는 것이나, 상대방에게 불리한 주장이나 증거를 적절하게 파고드는 것 등을 의미한다고 했다.

법이 자신들의 편이 아니라고 생각하는 평범한 사람들에게 소송 기술은 훨씬 단순하고 직접적이다. 한마디로 말해, '모든 수단을 동원해 법과 싸우고 상황을 자신에게 유리한 방향으로 이끄는 것'이다. 그들은 그것만 생각한다. 앞뒤 돌아보고 판사·검사·변호사 입장을 고려한다고 해서 달라지는 게 있는 것도 아니고, 그러다가는 스스로 다잡은 마음만 약해질 뿐이라고 생각한다.

한 누리꾼이 이 점을 잘 지적했다

그는 네이버 지식인 사이트 (http://kin.naver.com/qna)에 법과 싸우는 법에 대해 글을 쓴 적이 있다. 그는 세 가지 수단을 말한다. 첫째는 돈, 둘째는 '빽'이다. 이 두 가지 모두 일반 서민이 갖기는 어려운 힘이다. 따라서 그 누리꾼은 세 번째 방법을 말하면서, 일반 서민에게는 결국 이 방법밖에는 없다고 덧붙인다. 바로 '체력'이다.

좌절하지 않고 끝까지 밀어붙이는 것, 그것뿐이란다. 법이 잘못됐다고 지방법원·고등법원·대법원을 돌고 헌법 소원까지 가고, 이조차 안 되면 피켓 들고 광화문 네거리에서 끝까지 외치라는 것이다. 체력이 받쳐 주지 않으면 법이 자신의 억울함에 귀를 기울일 때까지 싸울 수 없다는 것이다.

앞서 언급했던 김기수 씨도 같은 생각을 말했다. 그 역시 법과 싸워 이길 수 있었던 것은 자신의 권리를 찾겠다는 강한 의지와 체력 덕분이라고 했다. 그는 재판이 지연되던 2007년 8월 27일부터 현대 사원들의 출근 시각에 맞춰 현대 사옥 앞에서 아침 6시부터 노래를 부르며 시위를 했다. 〈아침이슬〉·〈선구자〉·〈비목〉 같은 비장한 노래가 고층 빌딩을 쩌렁쩌렁 울렸다.

현대건설은 로펌 변호사 5명이 도장을 찍은 영업장 방해 금지 가처분 신청으로 맞대응했고, 김 씨는 '사실적시로 인한 명예훼손 및 업무방해'로 집행유예를 받았다. 이런 법의 결정에 쉽게 굴복하고 말 정도의 의지력이었다면, 그는 끝까지 가지도 못했을 것이고 자신의 권리를 찾지도 못했을 것이다.

16

택시공제조합과 맞선 최 씨 아주머니나 현대건설과 싸운 김기수 씨는 어떤 면에서 몰상식하고 소란을 피우는 사람들일지도 모른다. 하지만 그들은 자신을 지키는 방법을 생각해 냈고 실천했고 성과를 얻었다. 설령 그들의 행동이 막무가내하고 몰상식했다고 하더라도 말이다.

돈도 '빽'도 없이 오직 체력 하나만으로 버텨야 하는 이들에게 대한민국의 법이 정의의 구현자이기는 고사하고, 자신의 생계와 생명을 위협하는 사람들을 보호하는 권력 기관에 불과하다면 어떻게 해야 할까?

물론 이들이 싸우는 방법을 다 옹호할 수는 없을지 모른다. 그러나 이들에게 책임을 돌리기 전에, 이들처럼 법과 싸우지 않으면 당한다고 생각하는 사람을 양산하는 우리 사회의 사법 환경에 대해 더 많이 생각해야 하는 것은 아닐까? 그런 현실에서 힘없는 개인이 할 수밖에 없는 대응이라는 측면을 고려해 이들의 행동을 이해할 수는 없을까?

이제 이 책의 주인공을 소개할 차례다

그녀의 이름은 임정자(1943년생)이다. 임 씨는 의상실에서 재봉을 하며 하루하루를 사는 소시민이다. 유명 인사도 아니고 사회를 뒤흔든 큰 사건과 얽힌 사람도 아니다. 하지만 일반 사람과 다른 점이 몇 가지 있다. 한 번의 소송도 진저리가 난다고 하는데, 그녀는 소송을 40대 중반부터 60대 후반인

지금까지 하고 있다는 것이다.

임 씨는 아는 사람과의 돈 거래 때문에 고소와 소송을 되풀이했다. 고소 사건에서 가장 흔한 것이 금전 문제다. 하지만 사건은 흔할지 몰라도 임정자 씨가 겪은 일은 결코 사소한 것으로 치부되기 어렵다.

대부분 힘없는 사람들은 행복과 안녕을 다치지 않고자 하면서 살뿐이다. 명분과 가치를 좇거나 격렬하게 다투고 싶어 하지 않는다. 다만 그런 일을 원치 않아도 감수해야 할 때가 있다는 게 그들이 맞닥뜨리는 불행인지도 모른다.

이 글을 읽다 보면 독자들은 왜 그녀에게 불운이 그처럼 꼬리를 물고 찾아왔던 것일까 하는 의구심이 들 것이다. 그녀의 성격이나 자라 온 가정환경에 뭔가 특별한 점이 있어서일까? 아무리 들여다봐도 그건 아닌 듯하다. 성격이 강하거나 모가 난 것도 아니고, 말이 많아 듣는 이를 피곤하게 만드는 것도 아니다.

사람들 사이에서 튀는 것을 즐기는 스타일과는 더욱더 거리가 멀다. 그녀가 살았던 인생 역시, 우리 사회의 평균적 인간의 삶 그 이하도 이상도 아니었다. 학교 다닐 때 열심히 공부했고, 졸업 후 학교 교사로 사회생활도 해봤고, 결혼하고 시댁 살림을 하면서 대부분의 사람들이 겪는 시부모 부양 문제 때문에 괴로워도 했다.

가정에 무책임한 남편 때문에 속을 상해야 했던 적도 많았고, 뒤늦게 남편의 외도를 알게 되었을 때는 참을 수 없어 했고 이혼을 해서라도 그때까지와는 다른 인생을 꿈꾸기도 했다. 그래서 자립하고 싶었고, 돈도 벌고 싶었고, 당시 광풍처럼 몰아닥친 부동산 투기에 기웃거려 보기도 했다.

그렇다면 속된 말로 정말 재수가 없었던 것일까? 임정자 씨도 자신이 불운하다고 말한다. 모든 일이 남자가 운전하는 자가용을 얻어 탔다가 내연의 관계로 몰리면서 시작된 일이라고 자책할 때도 있다.

남자가 운전하는 차를 탄 게 잘못이라는 식으로 말한다면, 아마 우리는 아예 집 밖에 나서질 말아야 하며 다른 사람과 어떤 관계도 맺지 말아야 할지 모른다. 누구도 그렇게 살 수는 없다. 실수할 수도 있고 위험을 자처하는 어리석은 행동을 할 수도 있는 게 인간의 삶이다.

그러나 그 때문에 남 탓하지 말고 자신에게 닥친 불행과 비합리, 억울함을 감수하고 살라고 말한다면, 그건 받아들일 수 없는 일이다. 도대체 누가 인간의 완전함을 전제할 수 있단 말인가? 법은 도덕적으로 완전무결한 사람을 위해서만 있는 게 아니다. 악인에게도 공정해야 하는 게 법이다. 그가 좋은 사람인지 아닌지 묻지 않고 그가 한 행동과 요구의 합리성 내지 합법성에 의해서만 판단해야 한다.

내가 목격한 임정자 씨의 불운은 결코 개인적인 차원에 있지 않다. 그녀는 억울하다고 생각했고 그래서 소송이라는 방법으로 법에 호소했지만, 법은 '그러니까 누가 부동산에 관심 가지래', '누가 남자 차에 타래' 하는 식으로 그녀를 대했고, 자꾸 소송을 제기하는 그녀를 가뜩이나 바쁜 법원의 업무에 부담을 가중하며 자기의 사익이나 챙기는 사람으로 몰아세웠다. 그녀의 불행이 시작된 곳은 바로 이 지점에 있다.

그녀는 40대 후반이던 1993년 옥살이를 했다. 이때부터 그녀는 법에 호소하기를 멈추고, 법과 싸우기로 결심했다. 그렇게 싸웠고 한 개인으로는 감당하기 어려운 삶을 살아야 했다. 소송 기술을 연구했고, 격렬한 법적 다툼 속에서 악을 쓰듯 살았다.

책은 무슨 내용을 담고 있는가

이 책은 지난 20여 년 동안 사법부와 맞섰던 그녀의 투쟁 기록이자 자신만의 소송 기술을 발휘했던 경험을 다룬다. 그녀는 소송 기술을 "법률가와 맞서게 될 때 일반인이 알아야 할 생존법"이라고 말한다. 이 책에 담긴, 그녀 그리고 그녀와 처지가 비슷한 사람들의 생존법은 읽는 사람에 따라서는 지나치게 개인사적인 사건 기록으로 보일 수도 있다.

그녀의 소송 기술에 대해 동의하지 않을 수도 있다. 아무리 억울해도 그렇게 하는 것을 잘했다고 할 수는 없지 않겠느냐고 반문하는 사람도 있을지 모른다. 그래서 한 가지 분명히 해두고 이야기를 시작하고자 한다.

독자들에게 소송 기술을 권하려고 내가 이 글을 쓴 것은 아니다. 내가 말하고 싶은 것은 이렇게라도 해야 하는 사람들을 양산하고 있는 대한민국의 법적 현실에 대한 것이다. 그렇다고 어떤 거창한 사법 개혁을 말하고자 하는 것도 아니다. 단지 법정이라는 공간이 선의와 정의만으로 움직이지는 않는다는 것을 보여 주고 싶을 뿐이다.

내가 임정자 씨 재판을 따라다니면서 방청한 지는 벌써 3년이 되어 간다. 판사가 그녀 앞에서 쩔쩔매는 것을 옆에서 지켜본 변호사는 법정 밖에 나와서야 참았던 웃음을 터트렸다. 그러고는 "그렇게까지 원수진 일이 있나요?"라고 덧붙였다. 나쁜 뜻으로 한 말이 아니라는 것을 모르지는 않았지만, 그래도 그 말 속에서 임정자 씨와 법률 전문가 사이에 존재하는 어떤 거리감이 느껴졌다.

이 책이 어떤 이에게는 한 인간이 법정이라는 권력 공간에서 위축되지 않고 당당히 싸워 가는 흥미진진한 이야기로 보일 수 있겠지만, 대부분의 법관들에게는 자신들을 부정적으로 묘사해서 난처하게나 만드는 편향된 글로 비춰질지 모른다. 그래도 이런 점을 생각해 보았으면 한다.

임정자 씨처럼 법과 싸우는 사람들은 오늘도 법원 주변에 가면 어렵지 않게 만날 수 있다. 판사들을 향한 이런저런 욕설을 적은 플래카드를 들고 서있는 사람들을 보며 왜 꼭 저렇게 해야 하나, 이성적으로 행동할 수는 없나 하고 생각할 수도 있다. 이성적·법률적 테두리에서만 보려고 한다면 우리는 그들과 평행선을 달릴 수밖에 없다.

그보다는 왜 그렇게 할 수 밖에 없는지 그 이유를 생각해 보길 요청하고 싶다. 그래서 그들의 입장에서는 절박한 측면이 있다는 것을 보게 된다면 상호 대화와 이해가 시작될 수 있을 것이다. 법과 뒤엉켜 온 그들 각자의 삶이 갖는 비극성을 안타깝게 여기고 그들의 이야기를 잠시 경청할 수만 있다면, 나는 그것만으로도 우리 사회가 좋아질 것이라고 생각한다.

독자 여러분이 들어 줬으면 하는 이야기를, 이제 시작한다.

2장

검사

_____ 고소권 남용을 처벌하라

긴급 구속되다

임정자 씨는 1993년 1월 18일 사기와 무
고 혐의로 긴급 구속됐다. 당시 나이는 만 48세였다.

기록을 보면 구속영장 집행 일시는 1993년 1월 18일 20시, 인치
장소는 대전교도소로 되어 있다. 당시 수사는 양석원 검사가 맡았다.
나중의 일이지만 그는 2002년 서울지검 피의자 고문치사 사건에 연
루되면서 세간에도 알려지게 된다. 아무튼 당시 양 검사는 인지 수
사를 통해 임정자 씨가 한동네에 사는 부동산 업자 김명숙 씨를 거
짓 고소했다고 판단해 검사 권한으로 임 씨를 구속했다고 한다. 인
지 수사란 고소 고발이 없어도 수사기관이 자체적으로 수사하는 것
을 말한다.

그리고 곧 피의 사실을 공표했다. 이를 한 언론에서는 다음과 같
이 받아썼다. 1993년 1월 26일자 『대전일보』 보도를 보자. "날뛰는
무고…… 행정력 누수"라는 제목이다.

무고 사범 증가는 고소권이 남용되는 단면으로 매사를 법으로 해결하려 하는데다, 민사소송에서 유리한 결과를 이끌어 내기 위해 악용하는 것으로 법조 관계자들은 풀이하고 있다. 대전지검 양석원 검사는 19일[18일의 오류로 보임] 허위 진정서를 낸 임정자 여인(만 48세, 무직)에 대해 무고 혐의로 구속했다. 임 여인은 지난해 7월 15일 ○○ 여인이 2천만 원을 빌렸다가 이자를 포함 2천5백만 원을 갚았음에도 '아파트 분양 명목으로 프리미엄과 복비를 가로챘다'며 허위로 고소장을 작성, 대전 서부경찰에 제출한 혐의다.

이 기사는 처음부터 매사를 법으로 해결하려는 사람, 고소로 분쟁을 해결하는 사람을 잘못으로 보는 시각을 드러내고 있다. 김동훈 교수(국민대)는 우리 사회 법치 문화를 이렇게 설명했다.

우리가 '법치주의'라고 말할 때와 영미권에서 'rule of law'는 그 느낌이 다르다. 문화적 토대 차이에서 비롯된 것이라고 볼 수 있다. 다툼이 벌어지면 서양에서는 누가 잘못했는지 시시비비를 가려야 하지만 동양에서는 양보를 해서라도 원만하게 지내는 게 미덕이다. 덕을 중요시하는 동양 사상에서는 법을 덕의 하위 개념으로 본다. '법대로 하자'는 것은 우리 사회에서 '막장'으로 가는 지름길을 의미한다.

이처럼 덕을 중시하는 우리 사회에서 한 해 고소에 휘말리는 사람이 50만 명을 넘는다. 고소 사건은 수사기관이 처리하는 사건 가운데 20~24퍼센트를 차지하는데, 대다수가 사기·배임·횡령 등 재산범죄다. 임정자 씨 역시 고소 내용의 대부분은 금전 문제다. 그렇다면 고소가 많은 이유는 뭘까? 덕이 부족해서? 타협하는 마음이 없어서? 아니면 그냥 홧김에 하는 것일까?

임정자 씨 기록을 보면, 구속 당시 검사가 한 말 가운데 눈에 띄는 대목이 있다. "당신이 너무나 민사재판을 많이 해서 그걸 못하게 하려고 집어넣는 거야." 어떻게 하라는 걸까? 아무리 억울해도 한두 번 고소하고 소송해 봐서 안 되면 그만두어야 한다는 뜻일까? 언제부터 시민의 권리가 사법부의 편의주의에 따라 절제되고 억제되어야 하는 것이 되었을까?

우선 임정자 씨가 민사재판으로 가서 구속되기까지 마주친 법적 현실을 간략히 살펴보자. 아무리 간략히 살핀다 해도 복잡해 보일 것이다. 처음엔 하나의 사건에서 시작되었지만, 송사에 휘말리게 되면 사건이 꼬리를 물고 늘어나고 그에 따라 소송도 어지럽게 엮이기 때문이다. 따라서 이제부터 할 이야기는, 현실에서 한 개인이 자신의 권리를 지키기 위해 소송을 할 때 그로부터 파생되는 일이 얼마나 많고 복잡한지를 잘 보여 줄 것이다.

사건의 시작

임정자 씨의 첫 재판 상대는 남편이었다.

직업 군인이었던 남편은 1966년 대위로 진급하면서 임 씨와 결혼하게 된다. 임 씨가 만 22세가 되던 해였다. 남편은 결혼 전부터 형·누이를 대신해 자신의 어머니를 모시던 임 씨를 마음에 들어 했다. 임정자 씨는 마산여고와 춘천교대를 졸업하고 경남 여항초등학교 교사로 일하다가 첫아이를 낳고는 전업주부가 되었다.

남편은 친구들을 유난히 좋아했다. 특히 변호사 사무장인 양재섭 씨와 절친했다. 선후배와 친구들의 경조사를 빠짐없이 잘 챙기던 남편은 동문회에서 언제나 귀빈 대접을 받았다. 1985년 47세에 중령으로 군 생활을 마친 남편은 대전에서 사업을 시작했다. 갈 곳이 마땅치 않던 직원들을 집으로 데려왔는데 그중에는 20대 청년인 안용길 씨도 있었다.

당시 임정자 씨가 힘들었던 것은 남편의 빚보증이었다고 했다. 가족이 살던 집을 담보로 1억 원이 넘는 빚보증을 섰을 때는 너무 놀라 혹시 잘못되더라도 집만은 지키고자, 남편의 매형 앞으로 '가등기'(훗날 부동산을 취득할 목적으로 순위를 확보하고자 하는 등기)를 해놓기도 했다. 하지만 결국 빚보증으로 인해 부부 명의로 된 건물은 다른 사람에게 넘어갔다. 임 씨 이름으로는 대전 서구 갈마동에 있는 작은 집 한 채가 남았다.

1980년 중반 들어 임정자 씨의 시어머니는 중풍에 걸린다. 남편 3남매는 어머니를 돌아가며 모시기로 했지만, 형은 경제적 사정을 들며 차일피일 미루기만 했다. 임정자 씨는 시어머니가 돌아가신 1990년까지 계속 수발해야 했다.

그해가 저물 무렵, 임정자 씨는 남편에게 다른 여자가 있다는 것을 알았다고 했다. 11월 13일 남편은 내연녀와 함께 간통죄로 구속된다. 임정자 씨는 직접 얼굴을 맞대는 상황을 피하고 싶었고 절차에 따라 문제를 풀면 된다고 생각했다. 하지만 시댁 식구들은 생각이 달랐다. 오히려 어떻게 남편을 감옥에 넣을 수 있냐며, 임정자 씨를 죄인 취급했다.

임 씨는 위자료를 받고 깨끗하게 이혼해야겠다고 생각했다. 민사소송을 결심한 것이다. 당시 재판은 서면 제출이 주를 이뤘다. 말에 자신이 없었던 임정자 씨는 그렇게 진행하는 것이 편했다.

민사소송은 자기 권리를 주장하는 사람(원고)이 법원에 소장을 내면서 시작된다. 소장에는 판결을 구하는 내용인 '청구 취지'와 청구하는 근거와 이유를 담은 '청구 원인' 등을 적고 증거자료를 함께 내야 한다. 이때 소송을 당한 사람을 '피고'라고 부르며 법원은 원고의 청구가 옳은가 그른가를 판단한다. 즉 판사는 심판하는 역할에 불과한 것이다.

우리 민사재판의 원칙은 변론주의인데, 이에 대해서는 최재천 변호사의 설명을 들어 보자.

재판은 진실이라기보다는 입증이다. 법은 국회에서 만들지만 그 입증책임을 누구에게 주는가는 결국은 법원이 법 해석을 통해 정할 수밖에 없다. 물론 〈제조물책임법〉처럼 법이 입증책임을 어느 한쪽에게 강제할 수도 있다. 〈제조물책임법〉에서 입증책임은 회사에 있다. 제품이 문제를 일으키는 원인을 소비자는 알 수 없기 때문이다. 민사재판에서는 권리를 주장하는 사람이 자신의 권리의 존재 근거를 입증해야 한다. 반면 권리 소멸 사유는 상대방이 입증한다. 재판은 실체적 진실을 발견하고자 노력하는 작업이지만 재판의 실질은 입증책임에 있다.

임정자 씨의 생애 첫 민사소송은 쉽지 않았다. 남편 쪽에는 양재섭 씨라고 하는 민사소송을 잘 아는 친구가 있었기 때문이다.

법적 다툼의 단계로 넘어가다

간통죄로 구속됐을 때 임정자 씨의 남편은 친구 양재섭 씨에게 법률 조언을 구했다. 부탁을 받은 양재섭 씨는 가장 먼저 서울에 사는 딸을 만났다. 딸은 며칠 후 법정에서 어머니가 전부터 아버지의 외도를 알고 있었다고 증언했다.

그런 다음 남편은 임 씨를 안용길 씨와 내연의 관계였다며 간통죄로 맞고소했다. 그리고 임 씨 이름으로 유일하게 남은 갈마동 작은 집에 대해 '부동산 처분 금지 가처분' 결정을 받아 냈다. 부동산을 처분해 도주할지도 모른다는 게 그 이유였다.

'결정'은 판결과 달리 소송 중에 절차에 관련된 사항을 다룬다. 뒤에 나오겠지만 민사에서 변론 재개, 형사에서 보석 허가, 공소장 변경 허가 등은 '결정'으로 이뤄진다. 남편이 당시 이런 결정을 받아 냈다는 것은 사법의 속성을 잘 이해했음을 보여 준다. 물론 그것은 양재섭 씨가 도움을 주었기 때문이다.

사법은 입법이나 행정과 달리 수동적인 성격을 지닌다. 즉 알아서 사건의 진실을 규명해 주는 게 아니다. 따라서 법의 생리를 잘 이해하지 못하면 거의 아무것도 얻지 못한다. 이 점에서 가장 가까운 친구에게 법률적 조언을 받을 수 있었던 남편은 소송 과정에서 임 씨를 압도할 수 있었다.

임정자 씨가 남편을 상대로 위자료 청구 소송을 제기하자, 이듬해

3월 남편은 매형 앞으로 (가등기했던 집의) 소유권을 이전한다. 그리고 남편은 집을 지을 때 매형과 형에게 6천만 원씩 빌렸다고 주장하며 그렇기에 임 씨는 재산관리권이 없다고 주장했다. 그 후에도 남편은 양재섭 사무장에게 법률 조언을 계속 받았다. 필자와의 인터뷰에서 남편은 이렇게 말했다.

> 위자료 청구 소송을 당할 때 나는 가진 게 아무 것도 없었다. 친구인 양재섭 사무장에게 조언을 구했는데, 그는 아내와 안용길 씨가 부적절한 관계였음을 입증해야 한다고 했다. 나는 안용길 씨에게 집사람과 애인 관계였다는 자술서 하나만 써달라고 했다. 그 자술서 덕분에 좋은 판결을 받았지만 썩 내키는 일은 아니었다. 하지만 양재섭 사무장이 문제를 푸는 데 꼭 필요한 서류라고 해 어쩔 수 없었다.

재판은 입증을 위한 싸움?

임정자 씨도 재판은 입증에 달렸다는 것을 알게 되었다. 재판에서 입증 문제가 불거질 때마다 판사는 언제나 고소 여부를 물었기 때문이다.

"판사님, 그 서류는 거짓입니다." 그러면 판사는 이렇게 묻는다. "그럼 사문서 위조로 고소하셨어요?" 또 "판사님, 그것은 거짓말입니다."라고 하면 "그럼, 그 부분을 위증으로 고소했어요?"라는 반응이 돌아온다. 입증하기 위해서라도 소송을 계속해야 하는 일이 발생하는 것이다.

임정자 씨는 피고 측 거짓말을 입증하고자 남편을 무고와 사기죄로 고소했다. 동시에 사건을 잘 풀게 해주겠다며 자신에게 1백만 원을 받아 간 양재섭 씨를 〈변호사법〉 위반으로 고소했다. 하지만 조사가 시작되자 양재섭 씨 주장이 달라졌다. 양 씨는 임정자 씨에게 받은 1백만 원이 임 씨가 자신에게 빌려 간 돈을 받은 것이라고 주장했고, 나중에는 사무실에서 돈을 건네는 것을 보았다는 목격자를 내세웠다.

임정자 씨는 각각 6천만 원을 출자했기에 그녀에게 재산관리권이 없다는 남편, 남편의 매형과 형을 '강제 집행 면탈죄'로 고소했다. 강제집행을 면할 목적으로 재산을 허위로 양도하거나 허위의 채무를 부담한 경우에 이 혐의를 적용한다.

임정자 씨는 계속해서 법원 접수 번호와 법원 직인이 없는 권리증서를 제출했다며 남편과 남편의 매형을 '사문서 위조죄'로 고소했고, '소유권 이전 등기 말소' 소송을 제기했다. 재판 증인으로 출석한 남편의 형이 거짓말을 하자 임 씨는 이듬해 3월 그를 위증으로 고소하기도 했다.

강제 집행 면탈죄는 대전지방검찰청에서 불기소처분을 받았다. 임씨는 다시 항고했다. 〈변호사법〉 위반으로 고소당한 남편 친구 양재섭 씨도 대전지방검찰청에서 불기소처분을 받았다. 하지만 임정자 씨는 서울고등검찰청에 항고했고 1991년 10월 재기 수사 명령이 떨어졌다.

참고로 항고는 검찰의 불기소처분에 대해 피해자가 검찰에 불복하는 방법이다. 또한 항고는 판결이 아닌 법원의 결정, 명령에 대해 불복할 때도 사용된다.

　남편의 형에 대한 위증 고소 건은 1992년 3월부터 1993년까지 수사가 계속되었다. 남편의 형은 위증 혐의로 대전지검에 출두해 피의자 신문 조사를 받았다.

　이렇게 임정자 씨가 시댁 식구를 상대로 소송을 벌이는 동안 다른 한편에서는 임 씨의 재산을 탐했던 부동산 업자들이 있었다. 임정자 씨는 이들 역시 모두 사기로 고소했다. 그들도 임정자 씨를 사기와 무고로 맞고소했다. 1992년 가을이 되자 이 모든 사건이 양석원 검사에게 배당되었는데, 이제 임정자 씨가 두 번째로 재판에서 맞붙은 이들을 만나 보자.

부동산 업자 김명숙과의 만남

　전국에 개발 붐이 일었던 1980년대, 임정자 씨 또한 동네 부동산 소개소를 자주 드나들었다. 그곳에 임 씨가 쓰는 화장품과 옷에 관심이 많았던 부동산 보조원 김명숙(1947년생) 씨가 있었다.

　김명숙 씨는 시골에 사는 남편이 무능력해 자신이 돈 벌러 나왔다면서 자주 하소연을 하곤 했다. 남편에게 가게를 차려 주려면 하루빨리 돈을 모아야 한다고 해서 임정자 씨가 얼마간 돈을 융통해 주기도 했다. 물론 김명숙 씨도 임정자 씨에게 여러 가지 도움을 줬다. 1988년 남편이 회사 직원을 구할 때는 안용길 씨라는 청년을 소개해 주기도 했다. 그 후 안용길 씨는 남편 회사를 나와 김명숙 씨의 권유로 함께 부동산 보조원 일을 했다.

김명숙 씨는 보조원으로 일하는 것만으로는 큰돈이 안 된다며, 부동산 소개소를 직접 운영할 생각임을 털어놓았다. 그러면서 그때가 되면 자신과 거래해 달라고 부탁했다. 임정자 씨는 안용길 씨가 운전하는 자가용을 타고 김명숙 씨와 함께 가게를 보러 다니기도 했다.

김명숙 씨는 1991년 부동산 소개소를 개업했다. 부동산 업자 허가권을 대여해 등록했지만, 실질적인 주인은 김명숙 씨였다. 김명숙 씨는 사장이라는 직함이 어울리도록 무척 공을 들였다. 유명 상표 옷을 고집했고 거의 매일 미장원에 들러 머리 모양을 매만졌다.

당시 대전 서구 둔산 택지 개발 지구 내에는 1998년 정부 청사 이전 계획으로 많은 아파트가 건설되고 있었다. 부동산 업자들에게는 돈을 벌 수 있는 더할 나위 없는 기회로 보였다. 업자들은 여러 사람 이름으로 아파트 청약 통장을 구입했다. 그리고 다른 사람들에게 청약 통장을 사라고 권했다.

부동산 업자는 청약 통장 매매, 분양 당첨에서 아파트 명의 이전 등 각 단계에서 프리미엄과 중개 수수료를 챙길 수 있었다. 청약 통장 매매에서 아파트 명의 이전에 이르기까지 모든 과정에 부동산 업자가 개입하기 때문이다.

김명숙 씨는 동생 이름으로 청약 통장을 사들이며 아파트 통장 거래 광고를 내는 등 적극적으로 뛰어들었다. 임정자 씨도 김명숙 씨가 권하는 청약 통장을 하나씩 사들였고 결국 다른 사람 명의의 청약 통장을 다섯 개까지 갖게 되었다. 하지만 두 사람의 관계는 채형석(1949년생) 씨를 알게 되면서 무너지기 시작했다.

경매 업자 채형석의 등장

임정자 씨의 소유였던 갈마동 작은 집을 전남편이 가처분하자 예전에 이 집을 담보로 대출했던 대출금 상환 독촉 고지서가 그녀에게 날아오기 시작했다. 경매에 넘어가게 되었으나 임정자 씨는 상황을 타개할 방안을 찾지 못했다. 이때 김명숙 씨가 임 씨에게 경매 정보 부동산 업자 채형석 씨를 소개하며 상의할 것을 권했다.

채형석 씨의 업무는 회원들에게 경매 정보지를 보내는 것부터 시작한다. 이 정보지를 보고 회원들이 원하는 물건을 말하면 채형석 씨는 회원 대신 경매를 진행한다. 당시 채형석 씨와 어울리며 부동산 경매 일을 배우던 정진우 씨에 따르면, 채형석 씨는 경매 계통에서 아주 뛰어난 사람이었다고 한다.

경매로 건물을 싸게 사도 상대가 법정지상권과 유치권이 있으면 아무 의미가 없다. 법정지상권은 건물과 토지의 소유자가 다른 경우에 건물주에게 토지를 사용할 권리를 부여한 물권을 말한다. 유치권은 건물 공사 업자가 건물을 지었는데도 공사 대금을 받지 못할 경우에 대금을 받을 때까지 건물을 점거할 수 있는 권리를 말한다. 경매 때 이런 일이 자주 발생하는데 두 경우 모두 건물에 들어갈 수 없다.

채형석은 이 유치권 권리자를 잘 찾아냈다. 그리고 허위 유치권을 주장하는 사람이 있으면 협박할 줄도 알았다. 주위에서도 채 씨가 사람 다루는 솜씨가 뛰어났다고 평했다.

임정자 씨는 1991년 6월 그를 찾아갔다. 임 씨는 채형석 씨에게 갈마동 집에 대한 등기부 등본과 전남편이 신청한 가처분 신청서를 보여 주며 갈마동 집이 압류에 들어간 사실을 설명했다. 채형석 씨는 자신이 법원에 갈 일이 많으니 갈마동 집에 대한 경매 기록을 검토해 보겠다고 했다. 그 뒤 채 씨는 갈마동 집을 보러 왔고, 임정자 씨와도 여러 차례 만나 이야기를 나눴다.

어느 날 채형석 씨는 한 가지 제안을 했다. 갈마동 집에 대한 최저 경매가가 2천5백만 원이니 그 돈을 준비해 달라고 했다. 그러면 자신이 법원에 가서 경매를 봐주겠다는 것이다. 이 방법에 동의한 임 씨는 1991년 8월 3일, 경매를 이틀 앞두고 수표로 2천5백만 원을 만들어 채형석 씨에게 전했다. 수표를 건넬 때 임 씨는 경매에 쓰지 않는다면 바로 돌려 달라고 신신당부했다. 하지만 일은 생각대로 진행되지 않았고, 경매는 이루어지지 않았다.

임정자 씨는 채형석 씨를 찾아다니며 돈을 돌려 달라고 독촉해야 했다. 임정자 씨는 8월 9일 오후 채형석 씨에게서 1천9백만 원을 겨우 받았다. 임 씨는 나머지 6백만 원을 곧 돌려주겠다는 약속을 받고 자리에서 일어섰다. 채 씨는 임 씨에게 집까지 데려다 주겠다고 하면서 따라 나왔다.

당시 임 씨 가방에는 분양 계약서 두 통이 있었다. 아파트 모델하우스에서 수표로 분양 계약금을 치르고 받은 서류였다. 채 씨는 승용차 안에서 분양 계약서를 보자고 했다. 임 씨는 아무 의심 없이 서류를 건넸다. 그런데 분양 계약서를 차량 계기판 앞에 올려놓은 채씨가 갑자기 가던 길을 틀었다. 채 씨는 사람들 눈에 띄지 않는 뒷골목으로 차를 몰고 들어갔다.

임 씨는 채 씨가 여관 앞에 차를 잠깐 세우는 사이에 문을 열고 도

망쳤다. 그리고 한참을 달리고서야 차에 둔 분양 계약서가 떠올랐다. 임 씨는 김명숙 씨에게 이 사실을 알렸다. 김 씨는 잃어버린 분양 계약서는 '분실 신고'만 하면 된다며 중요한 것은 아파트 명의 이전이라고 했다. 청약 통장 명의자들에게 찾아가 명의 이전을 잘 부탁하라고 당부했다.

하지만 상황은 이상하게 흘러갔다. 채 씨는 우선 임 씨 주변 사람들을 찾아다니며 분양 계약서를 보여 주었고 임 씨를 향해 '부동산 투기꾼'이라는 소문을 내기 시작했다. 임 씨와 채 씨는 통장 명의자인 이종태 씨가 운영하는 양복점에서 마주쳤다. 채 씨는 분양 계약서 두 통에 대한 포기 각서를 임 씨에게 요구했다. 그러면서 말을 듣지 않는 임 씨를 완력으로 다루려 했고 소파에 내동댕이치기까지 했다.

그런데 이때부터 김명숙 씨도 채형석 씨 편을 들기 시작했다. 김명숙 씨는 통장 명의자들로부터 임 씨에게로 명의 이전을 해주겠다던 일정을 계속 미뤘다. 그리고 채형석 씨가 원하는 것을 들어주는 게 어떠냐며 오히려 임정자 씨를 구슬렸다.

임 씨는 완강하게 거부했다. 그러자 김명숙 씨는 막말을 쏟아 내며 임 씨를 몰아붙였다. 임 씨는 이들을 상대하려면 법에 호소하는 길밖에 없다고 판단했다.

법에 호소하다

임정자 씨는 1992년 7월, 채형석 씨를 상대로 6백만 원에 대한 대여금 반환 청구 소송을 진행했다. 그리고 채 씨가 양복점에서 폭행한 것을 들어 〈폭력행위등처벌에관한법률〉 위반으로 고소했다. 당시 채 씨를 함께 도왔던 통장 명의자 이종태 씨도 같은 내용으로 고소했다. 민사와 형사 소송을 함께 진행한 것이다.

이처럼 고소와 소송이 들어오자 채형석 씨는 자신에게 경매일을 배우던 정진우 씨에게 거짓 자술서를 쓰게 했다. 정 씨는 채 씨가 불러 준 대로 자술서를 썼다.

한편 임정자 씨는 분양 계약금을 받고도 계약을 진행하지 않은 김명숙 씨에 대해 분양 계약금을 돌려 달라는 '부당 이득금 반환 소송'과 더불어 1992년 7월 15일 아파트 분양 사기로 고소했다. 그러자 김명숙 씨의 남편과 부동산 업자인 김병호 씨가 합의안을 들고 임정자 씨를 찾아왔다.

하지만 합의 조건을 협상하기 위해 다시 만난 김명숙 씨는 갑자기 태도를 바꿔 임정자 씨의 분양 계약금을 편취하지 않았다고 주장했다. 경찰 조사에서 김 씨는 임 씨에게 갈마동 집이 경매로 넘어갈 시점에 돈이 부족하다고 해서 2천만 원을 빌려 주었고, 임 씨는 그 돈을 분양 계약금으로 갚았다고 했다.

1991년 5월경에 김명숙 씨는 임정자 씨에게 2천만 원을 빌려 갔다가 한 달 후에 갚은 적이 있었다. 그때 갚은 2천만 원을 이제 와서 자신이 빌려 줬다고 말을 바꾸기 시작한 것이다. 물론 이 주장을 뒷받침할 증거는 없었는데, 김 씨는 돈을 빌려 준 장소가 현대부동산 사무실이라고 말했다.

나중에 밝혀지지만 현대부동산 사장 구영대 씨는 안용길 씨의 중학교 선배이자 김명숙 씨와 절친한 사이였다. 안용길 씨는 임정자 씨가 현대부동산에서 2천만 원을 빌렸다며 목격자 진술을 했다.

경찰은 김명숙 씨를 비롯해 함께 근무했던 사람들, 청약 통장 명의자들을 모두 소환해 조사했다. 열 명 이상 되는 사람들이 대전서부경찰서와 대전동부경찰서를 드나들기 시작했다. 정진우 씨는 소송이 진행되던 당시 채형석 씨 사무실이 마치 작전 센터처럼 보였다고 했다. 수사를 받기 전에 이들 역시 서로 말을 맞추기 위해 필사적으로 노력했다.

임정자 씨는 김명숙 씨를 비롯해, 임 씨와 거래한 적이 없다고 발뺌하는 청약 통장 명의자 이갑수 씨, 이 거래를 끝까지 안전하게 성사하겠다던 부동산 업자 김병호 씨 등을 고소했다. 임정자 씨는 대전지방법원 앞에 거처를 정하고 오전 10시가 되면 법정에 나갔다.

오전에는 전남편과 그의 형을 상대로 한 손해배상 재판을 진행했다. 그러고 나서 집으로 돌아왔다. 점심을 먹고 오후 2시가 되면 다시 법정에 나가 김명숙 씨를 상대로 한 부당 이득금 반환 재판을 진행했다.

김명숙 씨는 임정자 씨에 대한 적의를 드러냈고, 재판을 마치고 나오면 고소당한 부동산 업자들이 쫓아와 고함을 지르고 삿대질을 했다.

본격적인 검찰 조사가 시작되다

김명숙 씨에 대한 사기 혐의 수사가 대전서부경찰서에서 대전지방검찰청 105호 양석원 검사에게

36

올라갔을 무렵인 1992년 10월 8일(과 12일), 김병호 씨와 이갑수 씨 등이 임정자 씨를 고소했다. 각각 사기와 무고 혐의로 맞고소한 것이다. 이 사건은 대전지방검찰청 107호 김진오 검사에게 배당됐다.

수사기관에서 범죄를 저질렀다고 의심을 받고 있는 사람이 바로 피의자다. 혐의가 인정되어 재판으로 넘겨지면 신분이 피고인으로 바뀐다. 11월 12일 임정자 씨가 검찰에서 이 고소 건으로 피의자 신문을 받게 됐다. 임정자 씨가 답했다.

피의자 (임정자) 아파트를 계약해 준다는 공증을 해주기로 했는데 해주지도 않고, 아파트를 계약해 주지 않고 돈을 돌려주지 않아 부득이 김명숙과 김병호, 이갑수 등을 고소한 것입니다.

수사관 이상의 사실을 증명하는 서류상의 증거가 있나요?

피의자 예, 돈을 불입한 영수증 등이 있습니다.

수사관 계속 말하여 보시오.

피의자 김명숙은 1992년 5월 중순경 부동산 가게에서 저를 만나 위와 같은 방법으로 김명숙의 친동생인 김명수 명의로 당첨되자 위 아파트를 매입할 수 있는 김명수 명의의 아파트 청약 저축 증서를 사라고 해서 제가 계약금, 중계 수수료, 프리미엄을 주었는데 그 후에 아파트를 계약해 주지 않고 돈도 돌려주지 않아 부득이 김명숙을 고소하게 된 것입니다.

수사관 이상의 사실을 증명할 서류상의 증거가 있습니까?

피의자 예, 돈을 준 근거가 있는데 그것을 추후에 제출토록 하겠습니다.

수사관은 임정자 씨에게 종이에다 무엇인가를 써서 건넸다. 이종태와 이갑수에 대해서는 청약 저축 증서 매입 계약서와 대금 불입 영수증, 김명수에 대해서는 계약서와 대금 불입 영수증 등이 필요하다는 것이다. 수사관은 임정자 씨에게 결백을 입증하기 위한 자료들이니 잘 정리해서 제출하면 피의자 신문조서에다가 함께 편철하겠다고 했다.

김진오 검사가 수사하던 이 사건은 곧 이어 양석원 검사에게 넘어갔다. 담당 검사가 바뀌자 임정자 씨는 김진오 검사실에서 요구한 자료를 양석원 검사에게 제출했다. 모두 62쪽 분량이었다.

1993년 1월 초, 양석원 검사는 김명숙 씨를 비롯해 구영대·안용길·채형석 씨 등을 불러들였다. 그리고 앞서 이야기했듯이, 1월 18일 양 검사는 임정자 씨를 사기와 무고 혐의로 긴급 구속했다.

임정자 씨가 받은 충격은 이루 말할 수 없었다. 시간이 흐르면서 수사 분위기가 달라지는 조짐을 보이기는 했지만, 검찰이 자신을 구속할 줄은 꿈에도 몰랐다는 것이다.

구속된 임정자 씨에게 서울에 있던 자녀가 찾아와 면회했다. 그들은 시댁 식구에 대한 고소와 소송을 모두 취하하면 빼내 주겠다는 아버지의 말을 전했다.

이제 임정자 씨가 1월 18일 구속되고 나서 수사가 어떻게 진행되었는지를 살펴보자. 양석원 검사는 2월 8일 임정자 씨의 아들을 불렀다. 아들은 "집을 지을 때 큰아버지와 고모부가 각각 6천만 원씩 투자했기에 어머니가 재산관리권을 주장할 이유는 없다."라고 진술했다. 양석원 검사는 마지막으로 2월 15일 남편의 형을 불러내 위증 혐의에 대한 마지막 피의자 신문을 마치고, 2월 24일 기소유예 처분 등을 내렸다.

기소유예는 검찰의 권한이다. 피의자의 범죄 사실이 인정되나 사건이 가볍거나 우발적으로 죄를 지은 경우 굳이 재판까지 갈 것이 못된다고 보고 기소 자체를 하지 않는 것이다.

임 씨가 시댁 식구들을 고소했던 기록들은 모두 넘어와 그녀의 구속 사건 수사 기록으로 편철되었다. 임정자 씨가 고소했던 김명숙·이종태 씨 등도 임정자 씨가 구속되면서 모두 무혐의 처리됐다. 양 검사는 통지서를 교도소로 보내 주지 않았고 임정자 씨는 항고할 기회가 없었다.

임정자 씨가 구속되고 일주일이 지난 1월 25일, 양석원 검사는 임 씨를 상대로 피의자 신문을 마치고 서명을 요구했다. 피의자 신문조서에는 임 씨의 진술이 빠져 있었다. 임 씨는 서명을 거부했다.

임 씨가 할 수 있는 것은 이것뿐이었다. 그는 검찰 조사에서 자기 주장과 다른 피의자 신문조서에 서명하지 않았다. 아파트 포기 각서도 쓰지 않았다.

당시 이 사건을 모두 지켜본 임정자 씨의 친척 한 명은 "매사가 너무 분명한 성격이 임정자 씨의 흠"이라고 말했다. 그러면서 "이 사회가 반드시 정당한 사람만 도와주는 것은 아니"라고 말했다.

그렇다면 법원은 어땠는가. 이제 본격적으로 법원과 판사들에 대한 이야기를 시작해 보자.

3장

판사

_____ 그만 따지고, 입증 못했으니 유죄

형사재판을 받다

1993년 3월 23일 오후 2시.

법정 안의 모든 사람이 구령에 맞춰 일어섰다. 재판장이 입장했다. 법대에 앉은 재판장은 피고인 임정자 씨의 사기와 무고 재판의 시작을 선언했다. 검찰은 공소사실을 낭독했다.

평소 친하게 지내던 피해자 김명숙에게 피고인이 1992년 5월 29일 대전동부경찰서에서 폭력행위등처벌에관한법률 위반죄로 고소한 사건 외 채형석에 대하여 피고인에게 유리한 진술을 하여 달라고 요구하였으나 거절당하자 이에 앙심을 품고 …… 금 2천만 원을 차용하였다가 …… 대전 서구 삼천동 소재 황실타운 ○○○동 ○○○호 및 동 ○○○호에 관한 매수권유를 받거나 이를 매수한 사실이 전혀 없음에도 ……

이어지는 공소사실을 요약하면 김명숙 씨와 김병호·이갑수 씨 등

40

을 허위로 고소했기에 무고이며, 존재하지 않는 분양 계약금을 돌려달라는 부당 이득금 반환 소장을 1992년 8월 20일 대전지방법원 민사과에 냈기 때문에 사기 미수에 그쳤다는 것이다.

피고인 임정자 씨가 공소사실을 부인하자 재판장이 나섰다.

재판장 정말 김명숙에게 자기앞수표 2천만 원권 1매를 빌린 적이 없어요?
피고인 (임정자) 없습니다.
재판장 충청은행 탄방동 지점에 입금한 적 없어요?
피고인 없습니다.

재판장이 검찰을 바라본다. 피고인 유죄 입증은 검찰 책임이다. 형사 공판에서는 적어도 검찰이 상당한 증거를 제시해야 유죄가 확정된다. 검찰은 김명숙·채형석·안용길 씨를 비롯한 검찰 증인 8명을 호명했다. 재판장은 증거 조사란에 증인 이름과 충청은행 탄방동 지점으로 보내는 사실 조회를 적었다.

사실 조회를 해보면 다 나올 텐데…….

재판장이 중얼거리듯 말했다. 사실 조회 답변은 4월 20일 검찰 쪽 증인으로 김명숙 씨가 출석한 날에 맞춰 도착했다. 재판장은 입금 사실이 없다는 사실 조회 회신 내용을 직접 읽었다. 이를 듣고 증인석에 앉은 김명숙 씨는 "2천만 원권 자기앞수표가 아니라 1천9백만 원권 자기앞수표 1매와 충청은행 발행 1백만 원권 자기앞수표 1매였다."라며 말을 바꿨다.

임정자 씨가 선임한 변호인은 증인들을 신문했다. 검찰 쪽 증인 구영대(5회, 5월 18일) 씨와 안용길(6회, 6월 8일) 씨도 2천만 원권 자기 앞수표에 대한 진술을 번복했다. 게다가 안용길 씨는 임정자 씨가 가진 청약 통장 매매 관련 서류는 훔쳐서 복사한 것이라고 주장했다.

6월 29일, 8회를 끝으로 변론이 종결됐다. 선고 예정일은 7월 13일이었다. 임정자 씨는 선고를 앞두고 검찰의 불법을 소상히 알리는 탄원서를 쓰기 시작했다.

추가 기소로 맞서다

하지만 선고는 되지 않았다. 7월 16일 구속 만기 시점도 지났다. 선고 전날 양석원 검사는 채형석 사건 병합을 이유로 변론 재개를 신청했고 변론 재개가 받아들여졌다. 임정자 씨를 추가로 기소하려는 검찰의 움직임은 한 달 전부터 시작됐다.

채형석 씨는 6월 16일 임정자 씨를 사기와 무고죄로 고소했다. 임정자 씨는 채 씨가 경매를 본다기에 최저 낙찰가 대비용으로 2천5백만 원을 건넸다가 겨우 독촉해 1천9백만 원을 돌려받은 적이 있었다고 했다. 하지만 4차 기일에 나왔던 검찰 쪽 증인 채형석 씨는 건넨 돈과 받은 돈의 성격을 전혀 다르게 정의했다. 채 씨의 주장이다.

1991년 6월경 임정자 씨가 찾아왔다. 그녀는 갈마동 집에 대한 등기부 등본과 전남편이 신청한 가처분 사유서를 내밀면서 고민을 털어놓았다. 나는

42

갈마동 작은 집 경매를 봐줄 테니, 경매 보증금을 달라고 했다. 임 씨는 그해 8월 2천5백만 원을 들고 왔는데 경매 보증금으로는 턱없이 부족했다. 그래서 내 돈 1천1백만 원을 보태서 냈다. 일주일 뒤 사람들이 북적거리는 아파트 모델하우스에서 임 씨를 다시 만났다. 몹시 난처한 표정이어서 어떤 도움이 필요한지 물었다. 그녀는 아파트 두 채에 분양 대금을 넣어야 하는데, 1천9백만 원이 부족하다고 했다. 쩔쩔매는 그녀에게 1천9백만 원을 보태 주었다. 하지만 1천9백만 원은 너무 큰돈이라 선뜻 빌려 주기 어려워 담보를 요구했다. 임 씨는 분양 대금을 치르고 받은 분양 계약서 두 통을 담보로 맡겼는데, 그것이 그 후로 내가 분양 계약서를 소지한 이유다. 이처럼 그녀에게 모두 합쳐서 3천만 원이라는 돈을 빌려 주고 또 돌려받아야 할 사람은 나였다. 임정자 씨는 사기를 친 것이다. 그리고 오히려 나를 고소했다. 이것은 무고다.

양석원 검사실에서는 6월 18일 채형석 씨를 불러 고소인 진술을 시작으로 이런 주장을 뒷받침하는 진술을 확보했다. 7월 1일 사무실 여직원 조은숙 씨는 채형석 씨가 임정자 씨에게 빌려준 1천1백만 원중 8백만 원은 자신이 발행한 수표였다고 진술한다.

7월 6일 청약 통장 명의자 이종태 씨와 채형석 씨의 지인인 박경동 씨도 당시 채 씨가 주장하는 그런 일이 실제 있었다거나 또는 들었다고 진술했다. 7월 7일과 8일에는 김명숙 씨와 안용길 씨 모두 아파트 모델하우스에서 채형석 씨가 임정자 씨에게 돈을 빌려 주는 광경을 목격했다고 진술했다. 김명숙 씨는 임정자 씨가 채형석 씨에게 건넨 2천5백만 원 중에 2천만 원이 본인 돈이라고 주장하고 나섰다.

7월 14일, 양석원 검사는 마지막으로 임정자 씨를 불렀다. 양 검사는 임 씨를 앉혀 놓고 피의자 신문 조사를 벌였지만 서명을 받을 수는 없었다. 이튿날 임 씨는 다시 조사를 받았다. 이날 피의자 신문 조서 말미는 "이때 피의자는 검사가 편파 수사를 한다고 한동안 떠들다가 자리에서 일어나 교도관 제지를 뿌리치고 검사실 밖으로 나가다."로 마무리되었을 뿐 서명날인은 없었다.

모두 패소하다

양석원 검사는 채형석 씨의 사기, 무고 건에 대해 공소(93고단1324)를 제기했다. 사건이 병합되고 나서 얼마 지나지 않아 검사는 공소장 변경 허가 신청서를 제출했다. 검사가 사기 부분을 취소하자 재판장은 사기 부분에 대해 공소기각 결정을 내렸다. 검사는 변경된 공소장을 낭독했다.

피고인의 돈에 동인의 돈을 합하여 동인의 이름으로 경락을 보아 달라고 부탁하여 동인으로 하여금 1991년 8월 5일경 대전 중구 선화동 소재 대전지방법원에서 피고인으로부터 교부받은 금 2천5백만 원에 동인 소유의 금 1천1백만 원을 합한 도합 금 3천6백만 원에 동인 명의로 위 주택을 경락받도록 하고, 같은 해 8월 9일 …… 공소 외 이종태, 같은 송승준 명의의 아파트 분양 계약금으로 동인으로부터 금 1천9백만 원을 차용하여 위 아파트의 분양 계약금으로 납입한 다음, 동인을 허위 고소하여 동인으로 하여금 형사처벌을 받도록 함으로써 위 금 3천만 원을 돌려주지 아니하기로 마음먹고 ……

여전히 임정자 씨는 공소사실을 부인했다. 그러자 검찰은 이 사건과 관련해 수사기관에서 진술한 적이 없는 이형모라는 사람을 증인으로 신청했다. 그리고 다음 기일에 검찰은, 이형모에 대한 증인 신청을 다시 취소했다. 임정자 씨는, 사건과 관련 없는 사람을 증인으로 신청했다 취소하는 것은 전형적인 시간 끌기라고 했다.

임정자 씨가 채형석 씨 기소 건에 대해 말을 꺼내려 하자, 재판장은 이미 끝난 사건이라며 말을 막았다. 그 후로는 재판에서 그 누구도 채형석 씨 무고 사건에 대해 말하는 사람이 없었다. 하지만 9월이 돼서도 판결 선고는 연기됐다.

임정자 씨는 계속 판사에게 탄원서를 썼다. 양석원 검사가 자신에게 했던 말들을 그대로 옮겼다. 임정자 씨가 수사 기록과 법전을 바탕으로 억울함을 상세히 호소한 탄원서는 어느덧 수백 쪽에 이르렀다.

당시 임정자 씨가 진행하던 민사재판은 어떻게 됐을까. 남편이 매형 앞으로 집을 명의 이전하자, 임 씨가 부동산 처분 금지 가처분 신청을 제기한 적이 있었다. 임 씨가 구속 중인 5월, 남편의 매형은 집에 대한 가처분 결정 취소 신청을 제기했다.

임정자 씨도 민사사건은 당사자주의를 취하기 때문에 직접 주장하고 입증해야 유리한 판결을 받을 수 있다는 걸 잘 알았다. 이런 입증 문제는 현실에서 어떤 모습으로 나타났을까?

재판 기일에 교도소는 그녀를 법정에 내보내 주지 않았고 내보내지 않는 까닭도 알려 주지 않았다. 결국 임정자 씨는 7월에 패소했다.

전남편과 그의 형에게 제기한 손해배상 청구 소송도 임 씨가 구속된 사이 반소가 제기됐다. 반소란 피고가 소송절차를 이용해 원고에게 제기하는 소를 말한다. 이들은 임정자 씨가 보석으로 풀려날 즈음에 모두 승소 판결을 받았다.

모든 사람이 임정자 씨를 구속하는 데 근거가 되었던 서류를 십분 활용했고 자기편 사람들을 증인으로 채택했다. 자녀들의 진술, 임정자 씨와 연인이었다는 안용길 씨의 증언도 그들에게는 매우 유리했다. 부동산 업자들, 김명숙·채형석 씨 등에게 제기한 소송도 마찬가지로 패소했다.

변호사와 갈등

10월 14일, 임 씨에게 보석 허가 결정이 내려졌다. 임정자 씨가 불구속 상태로 풀려나자 예기치 못한 일이 벌어졌다. 변호인의 태도가 달라진 것이다. 변호인은 임 씨 때문에 검찰에 계류 중인 다른 수임 건도 피해를 본다며 그만두고 싶다고 털어놨다고 했다. 게다가 주변 법조인에게도 이 사건을 맡지 말라며 조언한다고 했다.

변호인까지 그만두면 임정자 씨는 고립될 수밖에 없는 상황이었다. 앞서 보았듯이 검찰은 임정자 씨가 구속됐을 때 언론에 피의 사실을 공표하기도 했다. 아무도 임 씨에게 도움을 주려고 하지 않았다. 임정자 씨는 변호사에게 재판 준비는 모두 혼자서 할 테니 재판 기일에 제발 출석만 해달라고 사정했다. 결국 임정자 씨는 홀로 모든 것을 진행해야 했다.

그녀가 의지할 수 있었던 것은 민사재판을 거치면서 익힌 소송 기술뿐이었다. 양호승 변호사는 민사재판에서 소송 기술을 실체적인 측면과 절차적인 측면으로 나눠서 살펴볼 수 있다고 했다.

실체적인 측면이란 그 사건의 사실관계를 어떻게 파악할 것인가, 그 사실관계에 적용될 수 있는 법률적 구성을 어떻게 할 것인가, 그리고 이를 뒷받침하는 법리·판례·증거 등을 어떻게 검색하고 동원할 것인가 하는 문제를 말한다.

절차적인 측면은 재판부와 상대방에 대한 관계에서 자신의 정당성을 어떻게 설득할지의 문제라고 할 수 있다. 양호승 변호사는 재판부에 증거와 증인을 신청할 때 채택 이유에 관해 구두로 말하거나 서면으로 쓰고 이를 뒷받침하는 자료를 제출한다고 했다.

임정자 씨도 마찬가지로 했다. 우선 재판부에 김명숙 씨의 남편과 동생을 비롯한 청약 통장 명의자들을 피고인 쪽 증인으로 신청하는 서면을 제출했다. 모두 받아들여졌다.

그리고 법원에 제출된 형사사건과 민사사건 기록을 모두 받아 들고 집으로 돌아왔다. 책상에 앉아 기록을 검토하기 시작했다. 1992년 11월 12일 김진오 검사실에서 받았던 피의자 신문조서를 보던 임정자 씨는 당황했다.

상대편이 자신을 고소했을 때 임정자 씨는 양석원 검사에게 62쪽에 걸친 증거자료를 제출했다. 그런데 그 자료가 보이지 않았다. 임정자 씨는 타자기 앞에 앉았다. 재판부에 제출할 "본 사건 범죄 인지에 대한 이의신청"을 작성하기 시작했다.

92형25915, 92형259166, 92형25917호 사건으로 1992.11.12. 검찰 107호

김진오 검사님으로부터 피의자 수사 과정에서 92형25915호 사건에 관한 증거를 제시하라는 수사관의 친필 요청에 의하여 증거 서류 수사관의 요청 분 일체를 1992.11.24.경 사건 번호 92형25915호로 명시하여 1992.11.12. 조사받은 107호 검사실로 제출하려 하였으나 105호 검사실로 이첩이 되었다고 하여, 다시 105호 검사실로 가서 직접 양석원 검사에게 제출하고 수사를 요청하였는바 양석원 검사는 다시 연락하겠다고 하고 증거 서류만 제출하라고 하였습니다. …… 1993.10.14. 출소하였습니다. 피고인은 구속된 이유를 알 길이 없고 무고로 구속된 사건에 대하여 법원에 사건 기록 신청을 하여 기록을 받아 보니, 너무나 어이없이 구속된 사실을 발견하였습니다.

_본 사건 범죄인지에 대한 이의신청

또한 피고인이 구속되기 전 검찰 수사관이 요구하는 입증 서류를 사건 번호 92형25915호 무고 사기 사건에 제출코저 작성하여 양석원 검사에게 직접 제출하였으나 다른 사건에다가 편철하여 위 사건에 입증 증거를 없게 하였습니다.

_1994년 3월 탄원서

이 밖에도 임정자 씨는 "인지 구속과 공판 과정에서의 무죄 입증 자료", "입증 증거 제시에 대한 참고 자료 제출", "피고인의 무고 혐의에 대한 탄핵" 같은 제목을 단 서류를 재판부에 제출했다.

…… 그러므로 피고인 임정자는 무고 혐의로 기소된 공소장의 공소사실이 허위였다는 증거를 입증하기 위하여 별첨 공소사실에 대하여 본사건 93고

단153, 추가병합 사건 93고단1324호 1회 공판 법정 피고인에 대한 공소사실 신문조서에 대한 입증을 하며 이에 대한 입증 증거를 명시하여 탄원을 올리오니, 엄찰하시와 …… 죄송하오나 꼭 별지 입증 증거를 확인하여 주시오면 감사하겠습니다.

_1994년 10월 탄원서

이렇게 서면으로 써내던 어느 날, 임정자 씨의 오랜 바람이 이루어졌다. 임정자 씨가 그간 재판부에 써낸 내용이 재판에서 드러난 것이다. 재판장은 피고인에게 청약 통장과 매도 원본 서류를 요구했고 검찰에는 2천만 원 수표를 특정한 증거 제출 명령을 내렸다는 것이다.

상대방은 지금까지 줄곧 재판에 나와 임정자 씨가 가진 서류들은 복사본이라고 주장했다. 안용길 씨는 훔쳐서 복사한 것이라고 말하기도 했다. 그런데 드디어 재판장이 서류가 원본인지 복사본인지 그 여부를 살펴보겠다고 한 것이다.

다음 기일이 되자 검사는 특정할 것 없이 공소 그대로 유지하겠다는 말로 대신했다. 하지만 임정자 씨는 달랐다. 재판대 위에 올라가서 서류를 쭉 펴보였다. 재판장이 물었다.

재판장 원본인 것을 어떻게 구별할 수 있습니까?
피고인 (임정자) 빨간 인주가 보이는 게 원본입니다. 복사본은 인주 색깔이 나타나지 않습니다.

판사는 서류를 들춰 보며 검토하기 시작했다.

"이 서류를 가진 자에게는 어느 누구라도 명의 이전을 다 해줘야 한다."

판사는 청약 통장 권리 포기 각서 문항을 큰 소리로 읽었다. 임정자 씨는 그 광경을 보면서 안도했다. 재판부는 증거 조사를 마치고 1994년 12월 13일 29회로 변론을 종결했다.

검찰 쪽 증거는 오락가락했다. 1993년 12월 21일, 17회 기일에서 김명숙 씨를 아는 박영자라는 사람이 증인으로 나왔을 때였다. 검찰은 김명숙 씨에게 2천만 원을 빌려준 당사자를 구영대 씨가 아닌 박영자 씨로 바꿔서 질문했다.

증인이 김명숙의 돈 2천만 원에 대하여 이자를 놓아주었다가 김명숙이 급히 필요하다고 하여 1991년 6월 하순경 위 2천만 원을 김명숙 씨에게 돌려준 것이 확실한가요?
......
김명숙이 그 돈을 임정자라는 사람의 주택 경매 보증금으로 빌려준다고 한 것도 확실한가요?

박영자 씨는 모든 질문에 "예, 확실합니다."라고 답했고 판사는 지금까지 법정에 나온 증인들에게 김명숙 씨와 공모한 게 아니냐고 끈질기게 추궁했다.

선고 기일이던 1994년 12월 27일, 임정자 씨는 징역 1년 6월, 집행유예 3년을 선고받았다. 판결문은 검찰 주장을 모두 수용한 공소사실 그 자체였다. 증거 요지는 오직 증인들의 말뿐이었다.

판결문에 적힌, 유죄를 입증하는 증거 요지는 영화가 끝나면 길게 화면에 흐르는 출연진과 제작진 명단처럼 보였다.

항소로 맞서다

임정자 씨는 즉시 항소했다. 공소사실을 부인했고 증인을 신청했다. 그해부터 다음 해까지 수차례 양석원 검사가 은폐한 수사 기록을 포함해 '증거 제출 명령 신청서'를 재판부에 냈다.

위 귀원 95노59호 항소사건에 관하여 …… 임정자가 김명숙에게서 꾸어 간 돈이란 증거로 차용증, 영수증, 이자 약정서, 변제 기일 약정서 등을 본 항소심 심리에서 증거 제출 명령을 하여 주시기 바랍니다. …… 당시 상대방들은 영수증이나 계약서 없이 돈을 부동산에 갖다 준 사람은 한 사람도 없었다고 하는데, 부금 통장 매매 당시 매도인과 매수인이 만나서 중개인 명의를 기재하고 공증 사무실에서 공증한 것이 단 한 가지라도 증거 제출해야 합니다. 통장 매매 계약서를 공증하였던 것의 원본 증거를 제출하도록 해야 합니다. ……

그럼에도 재판부에서 아무 말이 없자, 54쪽 분량으로 "석명처분 신청서"를 제출한다.

검찰의 증거에 대한 증거 제출 명령 및 문서 제출 명령을 당 법정에 제출한 바 있으나 항소 검사나 공판 검사 역시 이에 대한 답변이나 증거를 입증 제출하지 아니하고 있어 소송이 지연됨은 물론 명확한 사실을 입증코자 본 신청에 이르렀습니다. …… 위에 대한 검찰 측의 증거 입증을 구하고, 이에 따른 소송의 촉진을 위하여 검찰 측에 명령하여 주시기 바랍니다. ……

임정자 씨가 제출한 내용은 재판에서 쟁점이 되지 않았다. 그저 시간만 흘러갔고 답답함은 더욱 커졌다. 1996년 4월 19일, 14회 변론 기일이 끝날 무렵이었다. 임정자 씨가 피고인 쪽 자리에서 일어나 판사를 향해 몸을 바짝 기울이며 말문을 열었다.

구속된 근거인, 김명숙이 빌려준 2천만 원 수표에 대해 검찰에 정식으로 물어 주십시오. 그리고 그것을 공판조서에 써주십시오.

이렇게 강하게 요구하자 그때서야 재판장은 공판조서에 "검사에게 96.3.21.자 피고인 신청의 구석명서 기재 내용에 대해 석명을 명"이라고 썼다. 그리고 "검찰은 양형 부당만을 다투는 것이며 더는 신청할 증거나 주장 사실이 없다고 진술"했다는 검찰 쪽 주장을 공판조서에 기재했다.

계속해서 핵심 쟁점을 주장하고 다투려는 임정자 씨에게 재판장이 다음과 같은 이야기를 툭 던졌다.

검찰에서 증거를 못 내놓으면 피고인이 무죄지 무슨 걱정이세요? 뭘 자꾸

하려고 하세요?

그렇게 말한 뒤, 재판장은 직권으로 앞으로 예정된 증인들을 취소했다. 임정자 씨는 그것을 멍하니 지켜보고만 있었다. '무죄'라는 말에 긴장이 풀어졌다.

1995년 5월 31일 항소심 판결이 내려졌다. 피고인과 검사 항소를 모두 기각한다는 재판장의 말에 임정자 씨는 쓰러졌다. 이로써 임정자 씨는 징역 1년 6월, 집행유예 3년형이 확정됐다.

4장

잘못된 판결은 왜 나오나

잘못된 관행과 제도 때문일까

대부분의 법률가들은 대한민국 판사의 능력을 아낌없이 칭찬한다. 대개가 유능하고 반듯하며 착한 성품을 지녔다는 것이다. 법조계에 있는 사람들이 보는 판사는, 집중 심리를 할 때면 재판 중에 화장실에 가지 않으려고 식사 시간에는 국물을 피할 정도로 완벽주의자이기도 하다. 물론 판사도 인간이기에 오판을 피할 수는 없을 것이라는 말을 빼놓지는 않았다.

판사를 지냈던 한 변호사는 검찰에서 제시한 수사 기록이 너무나 완벽해 의심하지 않았던 경험을 말하면서, 법정에서 진실을 파악하는 것에는 한계가 있다고 했다.

임정자 씨는 자신이 겪은 일을 어떻게 받아들일까. 변론주의 제도가 문제인가? 그녀는 변론주의의 합리성을 잘 알고 있었다. 누구보다도 당사자가 사건을 잘 알고 있어 증거 수집이 용이하다. 임정자 씨는 자신이 그런 판결을 받은 데는 자신의 사회적 지위가 무관하지 않다고 생각한다. 중요하지도 않고 무시해도 될 만한 사건이기에 이런 일이 벌어졌다는 것이다.

이야기를 이어가기에 앞서 짚을 게 있다. 법원이 그동안 수사기관의 조서로 피고인의 유무죄를 미리 심중에 두고 재판을 했던 관행에서 비롯된 판결일 수도 있다는 점에 관해서다.

참여정부 시절인 2006년 9월 19일 이용훈 대법원장은 대전고등법원과 대전지방법원을 방문한 자리에서 법원이 재판에서 신뢰를 회복하려면 검사의 수사 기록을 던져 버려야 한다고 말한 적이 있다. 당시 언론은, 법원이 그동안 수사기관 조서로 피고인의 유무죄를 확정한 관행에서 벗어나 공판중심주의를 적극적으로 도입하겠다는 의지를 드러낸 것으로 이 발언을 소개했다.

공판중심주의는 법정에서 이뤄지는 상호 공방과 심층적인 증거조사가 피고인의 유무죄를 판단하고, 양형을 내리는 결정적 자료가 되어야 한다는 것을 의미한다. 공판중심주의는 흔히 피고인의 방어권을 위한 정책으로 인식된다. 형사 공판은 피고인의 방어권에 힘을 실어 주는 쪽으로 정책들이 변화해 왔다. 왜 그런가? 형사 공판에서 피고인이라는 한 개인은 검찰이라는 국가기관과 대치한다. 형사 공판에서는 피고인에게 검사와 대등한 소송 당사자로서 법적 지위를 부여한다.

그런데 당사자 대등주의는 민사재판처럼 법정 능력이 뛰어난 당사자(검찰)와 그렇지 못한 당사자(피고인)의 공방으로 변질될 수밖에 없다. 방희선 교수(동국대)는 "검찰은 개인적인 능력에만 의지하지 않고, 검찰 조직의 역량을 활용할 수 있다. 따라서 검사 개개인의 역량이 떨어지더라도 조직 전체의 능력으로 보강되어 임무 수행에 어려움이 없을 것"이라고 말했다. 이런 검찰에 맞서는 피고인이라는 한 개인은 그야말로 약자일 수밖에 없다. 따라서 이를 보완해 줄 수 있는 정책이 필요하다.

그간 변화된 정책들을 살펴보자. 앞서 소개한 이용훈 대법원장의 발언 이후, 대법원은 공판중심주의 강화 정책 가운데 하나로 '증거 분리 제출 제도'를 도입했다.

증거 인부를 둘러싼 문제

형사 공판에서 증거 분리 제출 제도를 이해하려면 '증거 인부' 절차부터 알아야 한다. 용어나 절차가 다소 까다롭기는 하지만 우리나라 형사재판을 이해하기 위해 간단히 살펴보자.

증거 인부란, 피고인에게 공소사실(범죄 내용)을 인정하는지를 물은 뒤, 검찰에서 제출한 증거들에 대해 피고인에게 하나하나 동의 여부를 묻는 형사재판 절차다. 피고인은 검찰 증거에 대해 세 가지 입장을 밝힐 수 있다. 첫 번째는 '동의'다. 동의를 하면 판사의 증거 조사 기록에는 O 표시가 된다.

하지만 피고인이 검찰이 제출한 어떤 사람의 진술서를 '부동의'(×표시)한다면 진술서를 작성한 사람을 법정에 증인으로 불러내 신문하게 된다. 그런데 피고인이 검찰이 제출한 어떤 공문서에 대해 공무원이 작성한 것은 맞지만 실제와 내용이 다르다고 할 경우가 있다. 이럴 경우는 '진정 성립, 입증 취지 부인'이라고 부르며 증거 조사 기록상에는 ○ 표시가 된다. 단지 그 옆에 '입증 취지 부인'이라고 적어 놓을 뿐이다.

'진정 성립, 입증 취지 부인'이라고 된 증거는 피고인이 판사에게 판단을 의뢰하는 것이지 이 재판에 당사자를 불러내서 따지지는 않겠다는 것을 의미한다. 검찰 증거에 대한 피고인의 입장 표명이 끝나면, 재판장은 '동의' 또는 '진정 성립, 입증 취지 부인'으로 기록된 증거들에 대해서만 검찰 수사 기록을 건네받는다.

물론 그 증거의 증명력과 신빙성을 판단하는 것은 재판장의 몫이다. 피고인이 '부동의'한 진술서와 진단서는 재판에서 증거 조사를 진행하고 나서야 재판장이 그 증거들을 검찰에게서 건네받을 수 있다.

이 제도가 시행되기 전, 재판부는 공판이 열리기 전에 피고인에 대한 수사 기록을 검찰에게 모두 건네받았다. 그런데 이런 방법은 피고인이 공소사실을 인정하는 사안에서는 큰 문제가 되지 않으나 무죄를 다투는 사안에서는 피고인에게 불리하다는 주장이 제기됐다. 판사가 재판을 시작하기도 전에 수사 기록을 검토하면서 피고인에 대한 불리한 심증을 형성할 수도 있기 때문이다. 그런 검찰 편의주의에서 벗어난 것이 바로 '증거 분리 제출 제도'라는 것이다.

물론 이 제도 또한 완벽한 대안으로 평가받는 것은 아니다. 때로는 피고인에게 더욱 불리하다는 주장도 있다. 용산 참사 재판을 예로 들어 보자.

2009년 2월 8일 서울중앙지방법원에 용산 참사 재판이 형사합의 27부에 배당된 후, 용산 참사 변호인단이 3천 쪽에 이르는 검찰 수사 기록의 공개를 요구했는데, 검찰은 변호인단의 수사 기록 열람

등사 요청을 거부했다. 1심 재판부 결정으로 전체 기록 가운데 8백 쪽이 제출됐는데, 여기에는 경찰들의 진술이 번복되는 등 피고인에게 절대적으로 유리한 자료들이 포함돼 있었다. 이처럼 증거 분리 제출 제도가 시행된 후에는 검찰 기록이 법원으로 모두 넘어오는 것이 아니라 피고인에게 유리한 자료는 빼고 검찰이 내고 싶은 것만 특정해서 제출할 수 있게 됐다.

물론 검찰이 특정해서 제출하는 증거들에 대해 피고인은 부동의, 동의, 입증 취지 부인이라는 세 가지 입장을 제시할 수 있다. 피고인이 증거 부동의라고 말하면, 재판에서 증거 조사가 이루어진다. 즉 진술서를 부동의하면, 그 진술을 한 사람을 법정에 불러내서 증인 신문을 한다는 것이다. 이렇게 피고인이 세 가지 입장을 제시할 때, 과연 법정에서는 그대로 통할까. 그렇지 못한 경우도 있다. 이유가 무엇일까. 법률가들은 큰 사건인 경우에는 판사들이 형사소송 법전에 나온 법에 충실히 하려고 노력하지만 일반 재판까지 모두 그렇게 하기는 불가능하다고 말한다.

오히려 판사가 사회적 이목을 끌지 않는 일반 사건까지 그렇게 신경을 쓸 수 없는 것이 당연하다는 주장도 있다. 가령 MBC〈피디 수첩〉사건을 특정 일자에 집중 심리를 한다는 점은〈피디 수첩〉관련자가 어떤 특별한 지위를 갖기 때문이 아니라, 그 사건이 사회적으로 중요하고 여론의 관심이 집중된 사건이기 때문이라는 것이다.

게다가 불구속 재판에서 증거 하나하나에 동의하지 않는다면 증인 불출석으로 인한 계속된 송달 등으로 재판이 끝없이 지연될 수도 있다. 이 때문에 재판을 마무리할 즈음이 되면 판사는 증거 인부를 어떻게든 정리하고자 한다.

　판사가 증거에 대한 의견과 사건 쟁점을 논하면서 검찰에게 증거를 철회하게 만들 수도 있다. 검찰이 피고인이 부동의한 진술서를 철회하면 진술서 작성자를 증인으로 부르지 않아도 되고, 진단서라는 증거를 철회하면 의사를 증인으로 부를 필요가 없게 된다. 또는 피고인을 설득해 전에는 부인하던 증거를 판사의 판단에 맡기는 쪽으로 입장 변화를 이끌어 낼 수가 있다. 이렇게 정리하는 것은 재판장의 소송 수행 능력을 보이는 것이자 기록을 검토했다는 증거가 되기도 한다.

현실과 유리된 이론

　사회적 이목이 집중된 사건과 보통 사건 재판에서 가장 차이가 나는 부분이 있다면 무엇일까. 임정자 씨는 심리 시간과 심리 방법이라고 답했다. 모 재벌의 형사재판에서는 증인들을 모두 한자리에 모아 놓고 증인신문을 하는 모습을 보았는데 재판장을 비롯해 검찰, 변호인 그 누구도 이의를 제기하지 않았다. 그녀는 이런 것도 심리 방법의 차이에 해당하는 것이 아니냐고 말했다.

　재판장은 어느 정도나 차별을 할까. 한 가지 예를 들어 보자. 2009년에 서울중앙지방법원 형사13단독에 〈피디 수첩〉 사건이 배당되었다. 이때 재판장은 피고인과 검찰이 상호 공방을 할 수 있도록 편안한 분위기를 조성했으며, 가끔씩 친절하게 법 조항을 설명해 주기도 했다.

다음은 비슷한 시기, 어느 이름 없는 사람의 재판에서 있었던 일이다. 피고인은 증거 인부에서 이렇게 말했다.

피고인 증거 목록 1번부터 제일 끝번까지 모두 부동의합니다.

재판장 피고인 본인 진술 조서도 부동의하십니까?

피고인 저의 진술 조서도 이렇게 공소사실에 포함할 수는 없습니다. 검찰의 증거 목록에 들어가는 걸 원치 않으니까 저는 전부 부동의합니다.

재판장 그렇게 하시죠. 본인 진술 조서를 부인하면 공판에서 피고인신문을 통해서 하면 되니까요. 그럼 계속하겠습니다.

하지만 그다음 기일에 판사는 태도를 바꿔서 피고인의 주장은 법률적으로 틀렸다며 다시 증거 인부를 하겠다고 했다. 피고인이 계속 버티자 재판장은 큰소리로 피고인을 부르고는 그런 주장은 법률적으로 틀린 것이라며 야단치기 시작했다. 높은 법대에 앉아 고압적으로 소리를 지르는 재판장을 보며 피고인은 더는 반격하지 못했다.

하지만 피고인은 검찰이 제출한 진단서에 대해서는 허위 진단서라 인정할 수 없다며 강하게 부인했다. 재판장은 의사가 작성한 것은 맞지만 내용에 동의하지 않느냐며 거듭 물었다. 피고인은 기록상에 '진정 성립, 입증 취지 부인'으로 할 수 없다고 버텼다.

임정자 씨는 1993년 형사 공판에서 채형석 씨 건에 대해 모든 공소사실을 부인했지만 증거 인부 기록에 동의로 표시된 이유가 이런 맥락 때문이라고 생각한다. 이는 모두 재판에서 한번 싸워 보지도 못하고 다음과 같이 판결문에 '증거 요지'로 올라 유죄 판단의 근거로 쓰였다.

> 1. 검사 작성의 김명숙·이종태에 대한 각 피의자 신문조서의 각 진술 기재.
> 1. 검사 작성의 채형석·조은숙·이종태·박경동·김명숙·안용길에 대한 각 진술 조서의 각 진술 기재.
> 1. 사법경찰리 작성의 채형석·이종태·김명숙에 대한 각 피의자 신문조서 의 각 진술 기재
> 1. 사법경찰리 작성의 박경동·정진우·조은숙·안용길·김명숙·정은옥· 채형석에 대한 각 진술 조서의 각 진술 기재.

이처럼 재판장은 피고인이 거짓이라며 부인하는 검찰 서류를 두고 "공무원이 작성한 것은 맞지만, 그 내용이 틀렸다는 것인가요?"라고 물어서 기록상 인정(진정 성립, 입증 취지 부인)으로 번복시킬 수 있다. 이 상황에서 초보 피고인은 판사의 의도로 기울 수밖에 없다. 법 전문가들이 자신보다 더 잘 알 것이라는 믿음으로 그들의 말에 초점을 맞춰 자꾸 믿으려 하기 때문이다. 윽박지르는 대신 피고인에게 다른 방법으로 접근하는 재판장도 있다. 부드러운 목소리로 증거 인부를 이렇게 설명했다.

> 진단서에 나와 있는 내용이 맞다고 인정하라는 문제가 아니라 그 서류를 판사가 읽어 보는 데 동의하겠느냐는 것입니다.

이 경우 보통 사람은 판사가 잘 봐주겠다는 신호로 받아들여서,

증거 인부에 '동의'로 표시할 것이다. 하지만 판사가 법복을 입고 법정에 들어올 때 피고인에게 어떤 마음을 품고 있는지는 알 길이 없다. 판사가 진정으로 판단하겠다는 것인지, 아니면 판결문을 쓰기 편하게 고치고 싶은 것인지도 물론 알 수 없다. 무엇보다 피고인 스스로 내뱉은 한마디가 재판에 큰 차이를 몰고 온다는 것 자체를 인식하기 어렵다.

이 글을 읽는 독자들은 바로 이런 점 때문에 피고인을 도와줄 장치로 국선변호인 제도가 있는 게 아니냐고 궁금해 할지도 모르겠다. 피고인의 방어권을 강화하는 데 도움이 되는 것으로 알려진 국선변호인 제도는 어떨까? 여기서 짤막하게 다루고 지나가자.

국선변호인 제도는 잘 작동하는가

엄상익 변호사는 변호사의 임무를 "법정에서 국가권력을 대변하는 검사와 마주한 위치에서 국민을 대리해 싸우며" 판사가 이해 부족으로 오판을 내리거나 실수할 때, "국가권력의 일종인 사법 권력에 대해서도 국민의 대리인으로서 당당하게 주장하는 것"으로 정의했다.

이는 일반 시민 대다수가 기대하는 변호인 역할에 가장 잘 맞아떨어지는 설명이기도 하다. 그런데 현실은 어떤가. 피고인이 핵심 증거를 거부하는 재판장을 기피 신청할 때 옆에서 변호인이 이를 말리는 장면을 어렵지 않게 볼 수 있다. 이는 사선과 국선을 떠나 변호인이 기피 신청을 어렵게 생각한다는 것을 보여 준다. 좁은 법조계 안에서 눈 밖에 나는 행위로 찍힐 수 있기 때문이다. 한 변호사는 "서울 같은 넓은 지역에서는 기피 사유가 되면 충분히 기피 신청을 할 수 있을 것 같지만, 이를 불가능하게 만드는 현실적인 이유가 있다."라고 말했다.

피고인이 유죄를 인정하는 경우, 중요한 형량 문제가 남게 된다. 한국은 양형 기준표가 있다고 하지만 살인죄를 유형별로 세밀하게 나눈 미국과 달리 통으로 되어 있다. 〈형법〉 제250조(살인, 존속살해) 조항이 "사람을 살해한 자는 사형, 무기 또는 5년 이상의 징역에 처한다."라고 되어 있듯이 법관의 재량이 크다.

그 재량은 얼마나 될까. 임정자 씨 사건은 구속영장을 발부할 때 사전에 피의자를 심문하는 제도인 이른바 영장 실질 심사가 도입된 1997년 이전에 일어난 일이다. 1997년부터 구속영장 실질 심사가 시작되면서 구속 권한은 검찰에서 법원으로 옮겨진다. 이전보다 많은 사람이 불구속 상태에서 재판을 받으며 피고인은 방어권을 보장받는다.

하지만 재판장이 마음만 먹으면 재판 중에 피고인을 구속할 수도 있다. 필자는 재판 중에 구속된 뒤 풀려났다가 얼마 지나지 않아 다시 재판 중에 구속된 사람도 만난 적이 있었다. 그런 막강한 권한이 재판장에게 집중된 현실에서 피고인은 재판 절차를 불합리하게 느끼더라도 쉽게 항변하지 못한다.

변호인들도 판사를 불쾌하게 만드는 일은 형을 높게 선고할 근거가 될 수 있다고 말한다. 한 변호사는 용산 참사 1심 재판에서 피고인들에게 5~7년이라는 높은 형량이 부과된 것은, 당시 재판장을 기피 신청하고 재판 거부를 했던 변호인들에게 일부 원인이 있었을지도 모른다면서, 비굴하지만 그게 판사의 권력이라고 했다. 현실적으로 변호사들이 실리를 생각하지 않을 수 없다는 것이었다.

다시 국선변호인 문제로 넘어오자. 그동안 국선변호인은 사선변호인들이 했다. 대한변호사협회는 회원들에게 의무적으로 1년에 20시간 공익 활동을 요구한다. 이를 어기면 과태료를 물게 하는데, 사선변호인들은 한 건당 수임료가 약 30만 원인 국선변호인 활동으로 그 시간을 채운다. 하지만 한 변호사는 "증거 동의 과정에서 애매하면 전부 부동의를 했는데, 재판이 벌써 3년간 끌고 있다."라면서 "답이 안 나와 국선변호인을 더는 하지 않는다."라고 말했다.

변호사 또한 매월 사무실 임대료와 직원 월급을 주는 자영업자이므로 돈을 생각하지 않을 수가 없다. 이런 현실에서 국선변호인들이 성의가 없다는 문제가 제기되었고 그 때문에 2006년부터 대법원은 국선 전담 변호사 제도를 만들었다. 하지만 법적으로나 재판 진행 면에서나 복잡할 수밖에 없는 무죄 주장 사건을 국선변호인이 잘 처리할 수 있을지는 회의적이다. 유무죄 사건과 상관없이 한 건당 수임료는 같기 때문이다.

그렇다면 법무부 산하에 있는 법률구조공단에서 일하는 공익 법무관은 어떤가. 물론 모든 사람을 싸잡아 말할 수는 없지만 회의적인 시각이 많다. 한 법원 직원은 "공익 법무관 중에는 사건을 제대로 파악하지 못하는 경우도 있다."라고 지적했다. 그러면서 그는 이를 자본주의사회에서 자연스러운 현상으로 해석했다. 사선변호인은 성공 사례비라는 유인책이 있지만, 공익 법무관은 의무적으로 일을 하기에 성의를 보이기가 어렵다는 것이다.

물론 과거에는 몇 년 일하면 검사 임용 자격을 주는 등 유인책이 있어 변호사들이 몰리기도 했다. 법률가들은 전국적인 조직을 갖추고 우수한 인력을 보유한 법률구조공단을 서민 친화적으로 재편하면 사회적으로 좋은 역할을 할 수 있다고 입을 모았다. 그러면서 이 제도가 잘되려면 구성원이 오랫동안 활동하면서 공단을 발전시켜야 하는데, 나갈 궁리를 하는 사람이 많아서 문제라고 지적했다.

임정자 씨는 1993년 자신이 겪은 사건을 예로 들면서 사선변호인도 업무가 힘들면 수임료를 돌려주고 빠지고 마는데, 국선변호인이나 공익 법무관이 재판장과 불편한 관계를 만들면서까지 이름 없는 의뢰인을 위해 싸울 이유가 없다고 했다.

재판장을 향해 강하게 주장하려면 혼자 할 수밖에 없다. 이것이 임정자 씨가 받아들여야 했던 우리의 사법 현실이었다.

판사가 아니라 법이 문제다?

임 씨가 자신이 힘이 없어서 이런 일을 겪었다고 주장하는 것에 대해 사법부 구성원들은 동의하지 않을 것이다. 판사가 무슨 억하심정이 있어서 그러겠냐면서, 오히려 입법적인 문제나 문화에 원인을 돌린다. 틀린 말은 아니다. 이종광 판사의 설명은 이렇다.

보통 사람들은 판결을 하지 못하도록 판사에게 큰 로비가 들어온다고 생각하지만 이는 착각이다. 어느 나라든 로비는 국회의원에게 몰린다. 입법부는 큰 흐름을 바꿀 수 있기 때문이다. 알고 보면 국회 문제인데 사법부를 비난하는 경우가 많다. 일반적으로 법률은 보편적인 시대 이념에 걸맞게 각종 사회적 이해관계를 정의와 형평을 기준으로 조절하는 기능을 담당한다. 법원은 법률을 정확하게 해석하여 판단하는데, 간혹 판결이 사회적 약자에게 가혹한 결과를 낳을지라도 이 또한 입법기관을 선출하는 그 시대 사회구성원들의 합의라고 이해할 수밖에 없다.

우리는 자신의 생각과 맞지 않는 판결에 대해 쉽게 오판이라고 결론을 내린다. 그러나 제도적 문제도 있다. 용산 참사 재판 1심에서도 철거민들에게 특수공무 집행 방해 치사 및 치상죄로 내린 형량인 징역 5~7년은 가혹했다. 김정진 변호사는 이런 판결이 내려지는 배경을 "세입자들이 시와 재개발 업체 및 소유주를 상대로 권리 보장을 제대로 받지 못하게 하는 잘못된 제도에서 비롯된 것"이라고 지적했다. 그러니 현행 제도 아래에서는 아무리 사회적 약자를 배려하는 판사가 재개발 사건을 맡더라도 세입자를 보호하는 판결을 하기가 쉽지 않다는 것이다.

물론 다르게 볼 수도 있다. 판사가 내린 판결이 터무니없다고 할 때 사람들은 흔히 압력을 받았다고 표현한다. 하지만 그것은 판사의 소신일 가능성이 크다. 자신이 누리는 사회·경제적 지위에 따라, 옳다고 보는 게 서로 다를 수밖에 없기 때문이다. 그러나 어떤 경우이든 법 혹은 법의 심판이 사회적 약자에게 우호적이지만은 않다는 사실은 달라지지 않는다.

그런데 사회적 강자들의 이익을 지켜 주는 일을 주로 하는 로펌 변호사들도 판사의 판결에 의구심을 갖는다. 어찌된 영문일까. 그쪽 목소리도 들어 보자.

전문성 부족 때문일까

기업과 주로 거래하는 법무 법인에서 일하는 변호사도 판사들이 오판할 가능성을 이야기한다. 로펌 변호사들은 오판 원인으로 전문성 부족을 꼽는다. 변호사들은 그 원인을 판사 임용 제도와 연관됐다고 보는데, 잠시 미국과 비교해 보자.

미국은 로스쿨을 졸업한 후, 운전면허 시험처럼 일정한 점수 이상을 취득하면 자격이 부여되는 변호사 시험을 본다. 반면에 우리나라 사법시험은 자격시험이 아니라 경쟁시험이었다. 김동훈 교수는 "우리나라에서 판사나 검사가 되는 능력이라고 하는 것은 시험을 잘 보는 능력, 즉 시험 적합성"이라고 말한다. 시험 적합성은 시험을 내는 출제자에게 평가를 잘 받는 것을 의미한다. 그렇게 사법고시에 합격하고 사법연수원에서 공부를 한다.

최근에는 연수원 교육 내용에 많은 변화가 있다고 하나, 지금의 현직 판사들 대부분은 민사재판·형사재판·검찰실무 3개 과목을 중심으로 판결문을 쓰는 법을 집중적으로 교육받았다. 형사사건에서 상해죄를 예로 든다면, 피의자가 경찰서에서 조사받은 진술 조서와 고소인이 낸 진단서 등을 나름대로 종합해서, 형사재판 판결문을 작성하는 연습을 하는 것이다. 이런 기술적인 교육이 끝나면, 사법연수원 성적순으로 다시 뽑아 법원에 투입된다.

그런데 법원에 들어간 판사에게는 외부인과의 접촉이 그다지 권장되지 않는다. 사건 판결에 영향을 받는다는 오해를 피하기 위해서다. 이는 판사들이 사회와 멀어지는 결과를 낳는다. 판사가 현실을 모르게 된다는 것이다.

로펌 등에서 전문적인 영역의 업무를 담당하는 변호사들은 대표적인 예로 특히 기업 인수 합병M&A이라든지, 국제 거래, 환경 소송 같은 분야를 꼽았다. 이런 최첨단 분야는 판사가 경험이 부족한 채 판결을 내릴 수 있어서 오판으로 이어질 가능성이 있다는 것이다. 따라서 판사들은 상대적으로 전문성이 떨어지는 부분에서 무리하게 조정으로 종결하고자 하는 경향이 있다. 현덕규 변호사의 이야기를 들어 보자.

조정은 법원이 권하는 정책이지만, 법리적으로 대립이 심한 대부분의 민사 사건은 조정이 쉽지 않고 당사자도 원하지 않는 게 일반적이다. 그럼에도 판사들은 까다롭고 어려운 사건을 조정으로 종결하려는 경향이 있다. 판사는 조정을 유도하고자 양쪽 혹은 한쪽에게 불리한 정황을 흘리게 되고 그다지 설득력이 없어도 조정으로 결론을 내리려는 의지를 드러내기도 한다. 편파적이라는 느낌을 주는 부분이다. 그 결과 자신 없는 사건에서는 무리하게 조정을 종용하고, 조정이 성립되면 조정에 이르는 과정에서의 소소한 차이는 조정 결정에 드러나지 않는다. 또한 조정이 성립하면 당사자들이 결론을 수용한 경우이므로 대외적으로 정당화하기가 좋다. 그러나 무리한 조정을 하게 되면 판사들의 중립성이 흔들리거나 그런 오해를 받기 쉽다.

하지만 임정자 씨와 같은 평범한 사건까지 전문성의 문제라고 보기는 어렵다. 대한민국 판사들은 비슷한 사건들을 수차례 처리하는 과정에서 사건 속 진실을 알아볼 수 있는 실력 정도는 갖췄기 때문이다. 서울중앙지방법원의 한 형사단독부에서 있었던 재판을 예로 들어 본다.

한 피고인이 첫 기일에 공소사실을 모두 자백했다. 공소사실 내용은 "관할 관청 허가를 받지 않은 채, 피고인이 '바다이야기' 게임기를 설치한 후 수차례 손님에게 게임기를 이용하게 함으로써 사해詐害 행위를 하였다."이다. 재판장은 피고인에게 불법 게임장을 만든 이유, 초기 투자금, 게임기 가격, 게임기 구입처, 보증금, 월세, 개시 당시 현금 보유량을 묻고는 이 피고인이 '바지 사장'임을 눈치챘다.

재판장은 "저는 지금 게임장에 관한 재판을 하면서 피고인처럼 대답하는 사람은 처음 보네요. 지금 게임장 시스템을 알고 있기는 하나요? 난 듣다 보니 피고인이 다른 사람 대신 들어온 사람으로 일단 보이는데요?"라고 말했다.

내가 관찰한 바에 따르면 사람들이 잘못된 판결이라고 말하는 것은 두 가지 이유가 있었다.

첫째, 확정판결에서 오는 기판력旣判力이 일반인의 상식과 충돌하기 때문이다. 확정판결이란 더는 상소할 수 없는 확정된 효력을 지닌 판결을 말한다. 심급 제도를 모두 거친 확정판결에는 기판력이 생기고, 이와 동일한 사건에서는 그와 배치되는 판단을 할 수 없게 된다.

즉 법관에게 확정판결의 존재란 어떤 증거보다 더 우위에 있다.

따라서 이미 확정판결을 받은 상황에서는 다시 시작해 보려고 해도 법과 제도가 진실 찾기를 억압하는 기제로 작용한다. 대법원 민원실에는 다음과 같은 풍경을 어렵지 않게 접할 수 있다.

> **담당자** 그 말씀 다 맞는데…… 그게 다 맞을 수도 있지만, 지금 할 수 있는 방법은 없습니다. 법이나 제도가 모든 문제를 해결할 수는 없어요. 한계가 있습니다.
>
> **민원인** 다시 재판을 해서라도…….
>
> **담당자** 그건 입법 취지와 맞지 않습니다. 3심제도라는 것은 '일사부재리 원칙'에 의해서, 이게 없다면 소송이 끊임없이 되풀이됩니다. 정말 억울한 사건이겠지만, 아니 정말 억울하니깐 여기까지 오셨겠지만 승복하지 않으면 소송이 계속해서 되풀이됩니다.
>
> **민원인** 그럼 그 재판 중에 억울한 것만을 식별해서…….
>
> **담당자** 식별할 방법이 없습니다.
>
> **민원인** 난 명백한 증거가 있어요!
>
> **담당자** 그렇게 하면 다들 와서 '내 소송을 식별해 달라'고 할 겁니다.
>
> **민원인** 법원에서 잘못해 놓고, 만약 법률적으로 안 되면 보상이라도 해야지. 이거 어떻게 풀어야 합니까?
>
> **담당자** 방법이 없습니다. 현행 제도로서는 아무리 억울하다 해도 구제해 줄 수가 없습니다.

이런 기판력이 재판에서 어떤 모습으로 나타나는지 예를 들어 보자. 어떤 피고인이 상해죄로 확정판결을 받았다. 이 피고인은 감옥에서 억울하다며 다시 고소했고 이는 무고죄로 다시 기소되는 상황을 맞이했다. 피고인은 법정에서 공소사실을 전면 부인했고, 상해 사건에서 증거조사가 제대로 되지 않았다면서 억울함을 토로했다. 그리고 이 재판에서라도 충분히 증거조사를 해줄 것을 원했다.

그런데 검찰이 피고인이 부정한 진단서와 소견서를 철회했다. 이렇게 되면 남은 증거는 오직 상해 확정판결문뿐이다. 그다음 기일에 재판장이 말문을 열었다.

ㅇㅇㅇ 사건 증거 목록 32번 소견서, 작성자인 의사 ㅇㅇㅇ 37번 상해 진단서 사본, 작성자인 의사 ㅇㅇㅇ는 검찰에서 증인 철회 및 취소되었으므로 이것은 증거로 받지 않겠습니다.

재판장은 이처럼 피고인을 구속시킨 근거였던 상해 진단서와 소견서가 무고 재판에서 취소됐음을 알렸다. 그럼에도 증거조사를 주장하는 피고인에게 "유죄 입증은 검찰에게 있는데, 증거가 철회됐으니 없던 것이 되는 것입니다."라고 딱 잘라 말했다. 그리고 피고인에게 2년의 징역형을 선고했다. 피고인은 호송 경관에 의해 끌려 나가면서도 눈물을 흘리며 때리지 않았다고 소리쳤다. 나는 이 재판장이 이런 판결을 내린 것이 어떤 로비가 있다거나 억하심정이 있어서가 아니라고 생각한다. 기판력 때문인 것이다.

하지만 시민들의 생각은 다르다. 과거 인혁당 사건처럼 확정판결문은 잘못된 것으로 드러날 수 있기에 가장 중요하게 여겨야 하는 것은 사실관계라는 것이다. 어떤 아주머니는 검찰이 진단서와 소견서를 철회했다면, 기존 상해 확정판결문에 증거 요지로 올라 있는 진단서와 소견서까지 모두 철회해야 한다고 주장했다. 이것이 진짜 공판중심주의라는 것이다. 그렇지만 현실에서 이런 경우는 많지 않다. 확정판결문이 있을 때 법관은 그와 배치되는 판단을 할 수 없기 때문에 앞서 살펴본 대로 재판 과정에서 피고인을 구슬리거나 위압적 분위기를 조성하는 방법 등을 총동원하는 것이다.

둘째, 사람들이 '잘못된 판결'이라고 수군거릴 때는 자신이 원하는 증거조사를 해주지 않고 판결을 내린 경우였다. 사실 재판에서는 증거조사 하나에 따라 그 결과가 크게 달라질 때가 있다.

이들 중에는 내가 봐도 상식적으로 잘 납득되지 않는 경우도 여럿 있었다. 인터넷이 발달하면서 카페 회원들 사이에서 〈정보통신망이용촉진및정보보호에관한법률〉 위반 사건이 많이 다뤄진다. 한 중년 남성이 어떤 중년 여성을 고소한 사건인데, 자신을 비방한 글을 올렸다는 이유에서였다. 이 여성은 재판에서 공소사실을 부인했다. 이런 경우는 포털사이트 고객 센터에 사실 조회를 하면 어떤 아이디로 누가 올렸는지를 쉽게 알 수 있다. 하지만 판사는 검찰 증인들을 증인 신문하더니 그대로 종결하고 유죄를 선고했다. 물론 이 피고인 여성은 항소심에 가서 무죄판결을 받았지만, 사법 판단에 대한 시선이 좋을 리는 없을 것이다. 이는 변호사들도 마찬가지로 느끼는 부분이다. 한 변호사는 '판사들의 권위적인 태도나 일방적인 재판 진행'에 대해 기분이 상하는 경우가 있다면서, 개인적으로는 판사의 판결과 재판 진행이라는 두 측면 중에서 판결은 상소라는 제도로 보완할 수 있지만, 재판 진행에 대해서는 아직 당사자들이 재판 후 어떤 의견도 법원에 개진하지 못하고 있는 실정임을 꼬집었다. 그러면서 당사자들도 의견을 개진하고 법원도 의견을 취합해 재판 진행에 대한 매뉴얼 등을 만들어 서로가 좀 더 공감할 수 있는 소송 제도를 만들었으면 하는 의견들이 쏟아졌다. 물론 법원에 법정 진행 매뉴얼이 있기는 하다. 하지만 기본 원칙은, 증거를 채택할지는 사건 진행의 단계에서 판사가 사건의 결론에 관해 어느 정도 심증을 가지고 있느냐에 따라서 결정할 문제라는 입장이다.

그녀의 현실

1993년 임정자 씨 사건은 법원이 처리한 숱한 재판들 가운데 하나였다. 임정자 씨가 항소심에서 기각당해 쓰러진 후, 눈을 떴을 때는 이미 대법원 상고 기한이 하루 지난 시점이었다. 남아 있는 유일한 민사사건인, 부동산 업자 김명숙 씨에 대한 부당이득금 반환 청구 소송도 1심에서 패소하고 항소한 것이었다. 김명숙에 대한 사기 무고 사건에서 확정판결문을 받은 임 씨는 모든 상황이 불리했다.

이제 그녀에게는 전과자라는 낙인이 찍혔다. 그러나 임정자 씨는 "죄를 안 지었는데 죄인으로 살 수 없다."라며 법적 투쟁을 이어 나갈 뜻을 밝혔다.

그녀가 '죄인'이라는 단어를 계속해서 쓸 때마다 한 인간에게 죄가 있다 없다는 말을 스스럼없이 쓰는 판결문이 인간에게 갖는 구속력에 대해 생각해 본다. 그렇다고 무죄란 말 대신 "피고인 김 아무개 씨는 현행 〈형법〉○○조항을 어긴 적이 없다."라고 표현한다고 해서 상황이 달라졌을지는 확신할 수 없지만 말이다.

물론 이런 전과에 대해 "말 안 하는 이상 [전과가 있는지] 누가 알기나 해? 그냥 살아."라는 현실론이 존재한다. 진짜 억울한 일을 당한 사람에게 아무리 억울해도 어쩔 수 없다는 것처럼 절망적인 말은 없다. 경험을 한 사람과 그렇지 못한 사람 사이에 인식의 간극은 넓고 깊다. 창조한국당 전 대표인 문국현 씨 이야기를 해보자. 그는 〈공직선거법〉과 〈정치자금법〉 위반으로 2009년 10월 22일 오후 2시, 신영철 대법관 주심하에 대법원에서 확정판결을 받았다. 이 판결로 의원직이 상실되는 동시에 10년간 피선거권이 박탈되었다.

필자는 우연히 이 판결 전에 문국현 의원과 오랜 시간 이야기할 기회가 있었다. 당시 문국현 의원은 언론·검찰·공정거래위원회 등을 특권층 범죄를 비호할 수 있는 기관으로 보았다. '피고인'은 남의 언어인 줄 알았는데 그게 자신의 처지가 되었다며, 길게 한숨을 내쉬었다.

생각해 보지 못한 일이죠. 이렇게 검찰이 '아니면 말고'식의 수사를 한다는 것이나, 내가 그 희생자가 될 수 있다는 것도 전에는 생각 못했죠.

대법원 확정판결을 받은 날 문국현 씨는 언론과의 인터뷰에서 재심을 신청할 것이라며 앞으로의 계획을 밝혔다. 그날 저녁 회식 자리에서 그 뉴스를 접한 한 부장급 기자는 필자 앞에서 이렇게 말했다.

참 순진하시네. 재심이 어디 쉬운 줄 알아?

그 부장급 기자는 현실론을 말한 것이겠지만, 그러나 필자는 보이지 않는 그의 무의식 세계가 더 두려웠다. 한국 사회에서 법이 진실과 정의를 위해 있는 것이 아니라 제도와 절차로 무장한 사법 권력으로 존재한다는 것을, 그는 무비판적으로 당연시하고 있었기 때문이다.

5장

그녀의 싸움 1

_____ 법정에서 그녀가 배운 것들

남은 선택은 재심 청구

임정자 씨가 자신의 억울함을 풀겠다고 결심했을 때, 유일하게 남은 방법은 재심이었다. 재심은 확정판결이 내려지고 나서 무죄로 인정할 만한 새로운 증거가 나오면 피고인이 다시 재판을 받게 해달라고 법원에 요청하는 제도다. 하지만 재심 요건은 매우 엄격하다. 〈형사소송법〉 제420조 '재심사유'를 살펴보자.

1. 원판결의 증거된 서류 또는 증거물이 확정판결에 의하여 위조 또는 변조인 것이 증명된 때

2. 원판결의 증거된 증언, 감정, 통역 또는 번역이 확정판결에 의하여 허위인 것이 증명된 때

3. 무고로 인하여 유죄의 선고를 받은 경우에 그 무고의 죄가 확정판결에 의하여 증명된 때

4. 원판결의 증거된 재판이 확정재판에 의하여 변경된 때

5. 유죄의 선고를 받은 자에 대하여 무죄 또는 면소를, 형의 선고를 받은 자에 대하여 형의 면제 또는 원판결이 인정한 죄보다 경한 죄를 인정할 명백한 증거가 새로 발견된 때

6. 저작권, 특허권, 실용신안권, 의장권 또는 상표권을 침해한 죄로 유죄의 선고를 받은 사건에 관하여 그 권리에 대한 무효의 심결 또는 무효의 판결이 확정된 때

7. 원판결, 전심 판결 또는 그 판결의 기초가 된 조사에 관여한 법관, 공소의 제기 또는 그 공소의 기초된 수사에 관여한 검사나 사법경찰관이 그 직무에 관한 죄를 범한 것이 확정판결에 의하여 증명된 때, 단 원판결의 선고 전에 법관, 검사 또는 사법경찰관에 대하여 공소의 제기가 있는 경우에는 원판결의 법원이 그 사유를 알지 못한 때에 한한다.

재심사유 항목 다섯 번째에는 "원판결이 인정한 죄보다 경한 죄를 인정할 명백한 증거가 새로 발견된 때"가 있지만 대법원은 "새로운 증거로만 보았을 때 무죄가 나올 것이 확실할 때에만 재심을 허용해야 한다."라는 입장이다.

재심이 이루어지려면, 일단 임정자 씨가 다시 상대방을 고소해야 했다. 하지만 이미 확정판결이 난 상황에서 이는 위험이 따르는 선택이다. 앞서 살펴본 대로 억울하다며 고소하더라도 다시 무고죄로 기소될 수 있기 때문이다.

물론 재심사유를 좀 더 폭넓게 허용해야 한다는 주장이 없는 것은 아니다. 그러나 재심사유를 폭넓게 해석한 판례들이 나올 때까지 그냥 앉아서 기다릴 수만은 없다. 소멸시효와 공소시효가 있기 때문이다.

이것은 당사자 사이의 다툼을 종식시키려는 취지에서 일정한 시간적 한계를 설정한 제도들이다. 때문에 기회비용을 따져서 포기하는 사람도 있을 것이나 그녀는 다른 선택의 여지가 없었다. 하지만 당시 임 씨가 멀리 재심까지 내다보고 고소한 것은 아니었다. 당장 억울한 마음이 컸기 때문이었다. 판사를 향한 억울함도 있었다.

임 씨는 '무죄'라는 판사의 달콤한 말에 속은 경험을 한 후 재판에서 재판장이 어떤 생각을 하는지 파악하는 능력이 중요하다고 여기게 됐다.

판사와 대면하기

혼히 판사는 말을 아끼는 집단이라고 한다. 법정에서 판사가 어떤 생각을 하는지를 알 방법은 있을까? 변호사들은 대부분 두 가지 방법을 거론했다. 첫 번째로, 가장 어렵지만 생각해 보면 가장 쉬운 방법으로, 전화해서 물어보는 것이다.

한 로펌 변호사는 특정 사건에서 담당 판사에게 그 사건에 대한 의중을 묻는 것은 매우 무례한 일이기에 재판부에 좋지 않은 인상을 남길 수 있다고 했다. 하지만 중요한 사건은 개인적인 루트를 통해 판사의 심중을 파악하려고 하거나, 판사가 화해나 조정을 권하는 경우에는 판사에게 직접 또는 간접으로 전화를 해 판단을 묻는 경우가 있다고 했다.

판사가 말하는 내용을 어떻게 해석해야 할지 모를 때에는 양해를 구하면서 자신이 정확히 이해하고 있는지를 솔직하게 물어본다고 했다. 보통 사람들도 이렇게 판사에게 전화를 할 수 있을까.

지난 2007년 9월 27일 "제2 석궁 협박"이라는 제목으로 KBS 〈뉴스 9〉에 소개된 최 모 씨의 사건을 보면 전화 걸기가 가능한 것처럼 보인다. 당시 최 모 씨는 그해 6월경 청와대 게시판에 "서초동 법원 청사를 폭파해 버리겠다", "억울해, 서울중앙지방법원 ○○○ 판사를 파면하라. 안 하면 내가 직접 칼침을 놓겠다" 등의 글을 수십 회 게재했다. 그러고는 〈정보통신망이용촉진및정보보호등에관한법률〉 위반과 협박 등의 혐의로 구속됐다. 당시 뉴스에는 최 모 씨가 판사에게 168회 협박성 전화를 했다고 소개되었다.

하지만 몇 개월 후 집행유예를 받고 출소한 최 모 씨는 이를 완강히 부인했다. 사실 168회 협박 전화는 최 모 씨 공소장에도 없는 내용이었다. 어떻게 이런 일이 생겼던 것일까. 나중에 알고 보니 경찰이 불러 주는 것을 언론이 그대로 받아쓰면서 생긴 문제였다. 판사 연락처를 알지 못해서 청와대 게시판에 썼다는 그의 주장에서 알 수 있듯이, 임정자 씨를 포함한 보통 사람들이 판사에게 전화하기는 어렵다.

두 번째로, 보통 사람이 할 수 있는 방법은 재판장이 법정에서 보여 주는 소송지휘를 눈여겨보는 것뿐이다. 판사마다 심중을 드러내는 정도와 방식이 다르지만 그 사건에서 무엇이 쟁점인지는 법정에서 얘기한다. 그렇게 쟁점을 정리하고 나서 변론을 진행하는 것이 수년 전부터 채택된 민사소송 절차이기도 하다.

노재열 변호사는 일례로 손해배상 사건은 통상 ① 손해배상 책임의 존재, ② 손해 배상액의 산정 순으로 진행된다고 했다. 그런데 재판부가 '손해배상 책임의 존재' 부분에 대해서만 심리를 진행한다면 판사가 특별히 언급하지 않더라도 손해배상 책임의 존재에 대해 의문을 가졌음을 알 수 있다고 했다.

그 밖에도 사건을 정확히 꿰뚫고 있다면 판사가 말하는 한두 마디를 통해서나, 특정한 방향의 증거신청을 했는데 판사가 받아들이지 않는 경우에 판사의 속마음을 어느 정도 이해할 수 있다는 의견도 있다.

하지만 현덕규 변호사는 이조차 어렵다고 말한다. 변론이 종결될 때까지 판사가 사건을 완전히 파악하지 못하는 경우도 있기 때문이다. 이런 경우에는 판사가 판결이 선고되기 전에 미진한 부분을 확인하고자 변론을 재개하는 경우도 많은데, 변론 재개의 이유나 재개된 기일에서의 재판 진행을 보고 어느 정도 속내를 볼 수 있다고 했다.

임 씨는 많은 재판을 접하면서 판사의 소송지휘를 눈여겨보았다. 허경영, 삼성 이건희, '미네르바' 박대성, 〈피디 수첩〉 재판을 비롯해 사회적 이목이 집중된 사건부터 방청석이 텅 비어 있는 이름 없는 재판들까지 두루 접했다. 임정자 씨는 자신과 비슷한 사건을 모두 보러 다녔다. 이렇게 경험을 쌓으면서 재판장의 말 속에 담긴 의미가 무엇인지 파악해 보려고 노력했다.

판사들이 힌트를 주는 방법은 크게 두 가지다. 수원지방법원에서 열린 한 재판을 예로 들어 보자. 명예훼손 사건으로 한 기업 고위직 간부가 피고인석에 섰다. 약식 벌금형을 받고 정식재판을 청구했는데 1심에서 기각당하자 상소한 것이다. 항소심 재판장은 이렇게 말했다.

1심에서 국선변호인 선정했었죠? 아, 그러면 공연성, 허위 사실 적시 등 많이 쓰는데, 변호인이 정리가 안 되면 힘들거든. 명예훼손 사건은 자료 정리하는 게 쉽지가 않아요. 무슨 주장을 하는지를 모르면 우리가 오판할 수가 있지. 지금 피해자가 피고인에게 민사를 제기한다고 하니까 준비해야 할 텐데 국선변호인이면 좀 그렇지 않겠어요? 사선변호인을 선임해서 …… 연기해서 다음 재판은 ○월 ○일 오후 ○시로 할게요.

이렇게 직접적으로 대놓고 힌트를 주기도 하지만 대부분의 판사는 표가 나지 않게 속마음을 보인다. 다른 예를 들어 보자.

한 형사 공판에서 곗돈을 횡령한 죄로 기소된 피고인을 향해 방청석에 앉아 있던 피해자들이 "저거 아주 나쁜 ○이야!", "나는 그 이자 갚느라 야채를 팔아 가지고!", "저거 감옥살이를 해야 해!"라며 고성이 오갔다. 법정 경위가 "가만히 계세요!"라고 하거나 재판장이 "그 뒤에 조용히 하세요!"라고 말해도 소용이 없었다.

그중에 한 명이 "판사님에게 한마디 해야겠어요!"라며 방청석에서 일어났다. 법정 경위가 막아도 소용이 없었다. 아주머니는 "판사님, 저 말 한마디만 드릴게요! 11월 달에 그렇게 돈이 쪼들리면 자중하고 돈을 아껴 써야 하는데, 소나타 새로 뽑고, 골프 치러 다니고, 집 사고, 자기 쓸 돈은 다 쓰면서 계원들에게 곗돈을 안 준 사람이 저 사람입니다!"라고 말했다.

이 말을 들은 재판장은 "지금까지 말씀하신 거 수사기관에 다 이야기한 내용들이죠? 진정서 다 써서 내시고?"라고 물었다. 그러자 아주머니는 고개를 갸우뚱거리며 "그건 모르겠네요. 우리끼리 다 조사한 거예요."라고 답하고는 다시 피고인을 향해 욕설을 내뱉기 시작했다. 하지만 판사가 하고 싶은 말의 뜻은 그 내용들을 빨리 진정서에 써서 제출하라는 것이다.

또 다른 사례를 살펴보자. 한 형사 공판에서 변론 종결을 앞두고 재판장이 피고인에게 물었다.

> **재판장** 오늘 피고인신문 준비해 오셨습니까?
>
> **피고인** 네.
>
> **재판장** 오늘 하지 말고, 다음에 피고인신문을 하고 재판을 종결하도록 하겠습니다. 피고인신문 사항을 만들 때, 당시 정황을 집어넣고, 그날 증거 조사할 거 있으면 신청하면 받아 주겠습니다.

이럴 때 판사의 말뜻은 무엇일까. 임정자 씨는 재판 흐름상, 이때 판사가 전하려고 했던 뜻은 '이대로 끝나면 검찰 증거가 유력해 피고인이 유죄다. 다음에 한 기일 더 줄 테니, 검찰 증거를 탄핵하라'는 의미라고 말한다.

임정자 씨는 재판의 좋은 모델과 나쁜 모델에 대한 여러 경험들을 쌓아야 한다고 했다. 그래야 판사를 상대할 실력이 는다는 것이다. 그녀가 말하는 좋은 모델과 나쁜 모델은 이렇다.

한명숙 전 총리 재판에서 검찰이 핵심 쟁점과는 상관없는 쪽으로 증인신문을 한 데 반해 판사는 계속 5만 달러와 관련된 핵심 쟁점에만 집중되도록 노력했다. 임정자 씨 재판에서 양석원 수사 검사가 안용길 씨에게 2천만 원짜리 수표라는 핵심 쟁점과는 상관없는 "성

관계를 했느냐?"라는 질문을 해도 그대로 내버려 둔 것과는 확연히 다른 풍경이었다고 했다.

또한 판사가 곽영욱 전 대한통운 사장에게 검찰이 어떻게 조사를 진행했는지를 상세히 묻는 것을 보면서, 자신은 인권유린에 해당하는 검찰 조사를 고발하는 탄원서를 수도 없이 냈지만 단 한 번도 그와 관련된 사실을 묻지 않았던 판사의 모습을 연상하면서 억울해 하기만 했다.

한번은 〈피디 수첩〉 재판을 함께 방청한 후, 밤 9시경 서울중앙지방법원 중앙 계단으로 걸어 나오면서 임 씨에게 말을 건넸다. "조능희·김보슬 피디가 부럽지 않으세요?" 그녀는 "당연히 부럽지요."라고 짧게 답하고는 무덤덤한 목소리로 말을 이어 갔다.

그 사람들은 근본적으로 뒤에 회사도 있고 노조도 있잖아요. 나 같은 사람은 게임이 안 돼요. 하지만 비교를 하면 슬프잖아요. 슬퍼지면 내가 손해예요. 슬픔에 젖으면 나 자신을 지킬 수가 없어요. 서로 상황이 다르다는 것을 이해하고, 나는 여기 와서 배울 것만 배워 가는 거예요.

이렇게 임 씨가 배워 나간 내용들은 그녀가 법정에서 재판장의 의도를 파악하는 능력이 되었다. 임정자 씨는 자신이 처한 악조건 속에서 포기하지 않을 수 있었던 이유를 진실을 바탕으로 한 소송 기술 덕이라고 했다.

물론 진실은 무엇보다 중요하다. 그러나 법률가들은 진실이면 그만이지 연출할 필요까지 느끼지는 않았다. 연출할 필요가 없다고 못

박기도 한다. 법정 공간 구조를 보면 자리 배치부터 하나의 무대라고 할 수 있는데, 무대 연출을 해봤다고 한 변호사는 단 한 명, 소설 『검은 허수아비』를 쓴 엄상익 변호사뿐이었다. 엄 변호사가 말하는 연출의 의미를 살펴보자.

일반 국민들이 법정에 나가면 당황해서 제대로 말도 못해 피해를 보는 수가 많아요. 그런 곤경을 당하지 않도록 사전에 알려 주고 실수하지 않도록 연습을 시키지요. 저는 장병두 할아버지 사건을 대법원에서 판결할 때 사람들을 불러 시위를 하기도 했어요. 저는 변호사지만 다른 한편으로는 국민의 한 사람이기도 하잖아요. 법정에서 해결할 수 없는 것들도 있고 사회적으로 여론을 조성할 필요가 있는 것들도 있어요. 그럴 때는 일인 시위든 무엇이든 굳이 가리지 않고 할 수 있다고 봐요. 변호사들이 낮은 자리를 자처할 때 사회를 좋은 방향으로 이끌 수 있지 않겠어요. 사회적 요소를 활용하는 이런 요령을 저는 성경에서 배웠어요.

임정자 씨의 스승

"저는 양석원 검사에게 배웠어요."

임정자 씨는 소송 기술의 스승으로 양석원 검사를 꼽았다. 그렇다면 임 씨가 양 검사에게 배웠다는 두 가지 소송 기술을 들어 보자.

앞서 지적했듯이 당시 임정자 씨는 양 검사에게 제출했던 입증 서류가 없어진 일을 겪었다. 그때 임 씨는 아무리 유리한 증거라도 법관이 숨기면 그만이라는 일종의 '사이비 자유심증주의'를 경험했다고 한다.

〈민사소송법〉 제202조(자유심증주의)는 "법원은 변론 전체의 취지와 증거 조사의 결과를 참작하여 자유로운 심증으로 사회정의와 형평의 이념에 입각하여 논리와 경험의 법칙에 따라 사실 주장이 진실한지 아닌지를 판단한다."라고 되어 있다. 〈형사소송법〉 제308조(자유심증주의)는 "증거의 증명력은 법관의 자유 판단에 의한다."라는 내용을 담고 있다.

근대 형사소송법에서 수사 권력에 의한 증거 남용을 방지하기 위한 요체이기도 한 자유심증주의가, 그녀에게는 법관이 잘못을 저질러도 저절로 용서되는 묘한 법률로 인식됐다. 재판에 나와 증언한 내용과 제출된 핵심 증거를 다르게 해석해도 그뿐이라는 것이다. 임정자 씨는 그때부터 판사에게 핵심 증거를 그냥 넘기면 안 된다고 다짐했단다. 모든 내용을 판사와 상대측이 보도록 서면으로 써서 내도 안 된다고 생각했다.

1992년 임 씨는 소송을 하기 전에 김명숙과 채형석에게 내용증명(최고장)을 먼저 보냈다. 가령 채형석에게 보내는 내용증명에는 경매를 이유로 빌려 간 2천5백만 원 중 6백만 원을 아직 돌려주지 않은 점과 아파트 분양 계약서 두 통을 돌려주지 않는 사실을 주지시키며 법에 호소하기 전에 반환해 달라고 요청하는 내용을 담고 있었다. 얼마 후에 다음과 같은 채형석의 답변서가 도착했다.

귀하가 1991.8.3. 토요일 오후 4시경 저희 사무실에 찾아와서 자기앞수표

2천5백만 원이 있으니 이 돈으로 경낙에 응해 달라고 하여, 임정자(귀하) 2천5백만 원에 부동산 사무실 여직원 조은숙 8백만 원과 본인 3백만 원을 합쳐 경낙 계약금 3천6백만 원을 만들었으니 임정자(귀하)는 본인과 조은숙에게 1천1백만 원을 돌려주어야 할 것입니다. …… 1991.8.9. 당시 둔산 지구 수정아파트 모델하우스에 도착하니 엑스포 부동산 김명숙과 이야기를 나누면서 서류가 준비되었다기에 1천9백만 원을 차용하여 주었습니다. ……

이처럼 임 씨가 법적 절차를 밟은 대가는 상대측이 각본을 만들 수 있는 시간을 준 결과를 낳았다고 말한다.

작은 승리

그녀는 이번에는 상대편이 뭉치지 않도록 특별히 신경을 썼다. 임정자 씨는 1994년 9월 안용길 씨만을 위증, 위계 공무 집행 방해, 사문서 위조, 위조 사문서 행사 등의 혐의로 고소했다. 임 씨가 첫 고소 대상으로 안용길 씨를 선택한 데에는 이유가 있었다. 사업체가 있는 다른 사람들과 달리, 그는 부동산 보조원, 석유 배달업 등을 전전했다. 즉 임 씨는 안용길 씨가 가장 힘이 없다고 판단한 것이다. 게다가 임 씨 무고 재판에 검찰 쪽 증인으로 나와서 그녀와 내연 관계였다고 증언하는 것을 보면서 가장 먼저 복수해야 할 인물로 꼽았다고 했다. 안용길을 고소하자 다시 경찰 조사가 시작되었다.

안용길 씨는 임정자 씨가 구속되기 한 달 전인 1992년 11월 28일

다방에서 전남편을 만나 자술서를 건넨 적이 있다고 털어놨다.

> **조사관** 왜 위와 같은 자술서를 작성하여 남편에게 주었나요.
>
> **피의자 (안용길)** 첫째 이유는 임정자가 저를 고소하고 하기에 임정자 자신을 조금이라도 알라고, 그래서 뉘우치라고 자술서를 작성하여 준 것입니다.
>
> **조사관** 임 씨 남편은 위와 같은 사실을 어떻게 알고 피의자에게 위 내용의 자술서를 작성하여 달라고 하던가요.
>
> **피의자** 남편도 위와 같은 사실을 감지하고 있던 중에 저에게 임정자와의 관계를 사실대로 기재하여 달라고 하여 저도 임정자가 정신 좀 차리라고, 그리고 저에 대한 고소 등으로 감정이 좋지 않아서 자술서를 작성하여 준 것입니다.
>
> _1994년 10월 28일 대전북부경찰서 안용길 피의자 신문조서

조사관은 안용길 씨에게 "본 건에 대하여 피의자에게 유리한 자료나 증거가 있나요?"라고 물었고 안용길 씨는 항상 그랬듯이 김명숙·구영대·최형석 등 나머지 사람들을 증인으로 댔다. 그리고 자신이 연락해 출석하도록 조치하겠다고 말했다. 그러나 "하도 여러 번 조사를 받아 지쳐서 다른 참고인들이 잘 나오지 않"았다는 김명숙의 진술처럼 사람들은 자신에게 닥친 상황이 아니었기에 적극적으로 협조하지 않았다. 임 씨는 그 후로 2년 반 동안 안용길 씨를 제외한 나머지 사람들에 대해서는 일절 고소하지 않았다.

1995년 2월 25일 대전지방검찰청에서 안용길에 대해 무혐의 처분이 내려지자 항고했다. 2년 반이 흘러갔다. 사람들의 진술은 임 씨

의 예상처럼 서로 아귀가 맞지 않았다. 1996년 4월 9일 대전지방검찰청에서 안용길은 다음과 같이 진술했다.

> **수사관** 그런데 김명숙은 92.3.13.자 분양 신청 접수증 등 인감증명 등 모든 서류를 피의자 안용길에게 보관을 시켜 놓아 피의자 안용길이가 차량에 넣어 보관하였는데 그 서류도 임정자가 훔쳐 가 복사를 한 것이라고 하는데 어떤가요.
>
> **피의자 (안용길)** 왜 김명숙이 그렇게 진술하였는지 몰라도 저는 김명숙으로부터 김명수 명의의 어떤 서류도 받은 사실이 없고 제가 타고 다니던 차량 안에 넣어 둔 사실도 없고 보관한 사실도 전혀 없습니다.
>
> **수사관** 그렇다면 김명숙이 허위 진술을 한 것이라는 말인가요.
>
> **피의자** 그 이유는 잘 모르겠습니다.

안용길은 "달리 유리한 증거나 더 할 말이 있습니까?"라는 수사관의 질문에 "저는 중간에서 증인을 서 괴롭힘을 너무 많이 받아 더 이상 임정자로 인하여 괴롭힘을 받는 일이 없었으면 합니다."라는 진술을 끝으로 조사를 마쳤다. 안용길 씨는 1996년 12월 30일 기소되었다.

안용길 씨가 1996년 12월 30일 기소될 시점에 이르러서야 임정자 씨는 나머지 사람들을 한꺼번에 고소했다. 그들은 1999년에 기소되었고 2002년 대전지방법원은 검찰 쪽 증인이었던 김명숙·김명수·이갑수·김병호·구영대 씨를 모두 위증과 모해 위증죄로 법정 구속 또는 집행유예를 선고했다. 채형석 씨를 비롯해 이종태 씨와 관련자들에게는 법적 책임을 추궁할 수 없었다. 이미 지병으로 사망했기 때문이다. 2002년 5월 8일 김명숙 씨는 법정 구속이 되는 순간, 피고인석에 나란히 선 동료를 가리키며 자기 하나만 처벌받으면 될 일을 검사 잘못으로 일이 이 지경으로 됐다는 말을 늘어놓았다고 했다. 그리고 눈물을 쏟았다.

6장

그녀의 싸움 2

_____ 소송 원리

이번에는 임정자 씨와 김명숙 씨 간의 민사재판 항소심을 살펴보자. 민사재판에서도 임정자 씨를 구속했을 때 근거가 됐던 서류들이 다시 활용되었다. 임 씨가 김명숙에게 분양 계약금 반환을 청구했던 부당 이득금 반환 1심 소송은 1994년 2월 16일 패소했다. 임정자 씨는 항소하면서 그해 9월에 앞서 살펴보았던 안용길 씨 위증 고소를 병행했다. 민사재판에서 변론 조서가 임정자 씨에게 완벽하게 유리하게 작성되도록 재판을 이끌어 나가는 동안, 한쪽에서는 안용길의 위증 판결을 만들고자 했다. 1995년 2월 25일 대전지방검찰청에서 안용길에 대해 무혐의 처분이 내려지자 항고했다.

같은 해 11월 20일 대전고등검찰청에서 '위증'에 대해 인정을 받아 재기 수사 명령이 떨어졌다. 결국 1999년 1월 21일 대전지법으로부터 안용길 씨 형사판결이 선고된 해, 민사재판 항소심 또한 6년 동안 총 42차 변론을 끝으로 마쳤다.

…… 소외 안용길은 1996.12.30. 위증죄로 대전지방법원에 공소 제기되었고(갑제77호증의 4), 그 결과 1999.2.1. 위 법원에서 위 안용길에 대한 위증죄의 공소사실이 유죄로 인정되어 징역 1년이 선고되었고(갑제92호증의 50) ……

이처럼 민사 항소심 판결문은 안용길 씨의 형사판결문을 인용하며 임정자 씨의 손을 들어줬다.

임 씨는 이런 결과를 이끌어 낸 방법이 바로 그녀의 소송 기술이라고 말했다. 물론 변호사 없이 혼자서 이런 결과를 얻어 냈다는 것은 대단하다고 여겨지지만, 그녀에게 찾아온 행운을 어떤 기술로 여기는 게 아닌가 생각해 본다. 그렇게 생각하는 이유는 다음과 같다.

우선 누군가를 위증으로 처벌시키는 게 어렵다는 것은 법률가들도 인정하는 사실이다. 일반 사람들은, 법정에서 거짓말을 했다면 위증 성립 요건이 갖추어진다고 생각하겠지만, 필자는 명백한 거짓말을 해도 무죄 선고를 받고 유유히 법정을 빠져 나가는 경우를 여럿 보았다. 재판장은 다음과 같은 대법원 판례를 인용했다.

증인이 기억에 반하는 허위 진술인지 여부는 그 증언의 단편적인 구절에 구애될 것이 아니라 당해 신문 절차에 있어서의 증언 전체를 일체로 파악하여 판단하여야 할 것이고, 증언의 의미가 그 자체로 불분명하거나 다의적으로 이해될 수 있는 경우에는 언어의 통상적인 의미와 용법, 문제된 증언이 나오게 된 전후의 문맥, 신문의 취지, 증언이 행하여진 경위 등을 종합하여 당해 증언의 의미를 명확히 한 다음 허위성을 판단하여야 한다.

그리고 안용길에 대한 재기 수사 명령 또한 행운일 수 있다. 검찰은 재기 수사 명령을 왜 내린 것일까? 1995년 당시 수사를 담당했던 검사는 세월이 흘러 변호사가 되었는데, 임 씨 사건을 어렴풋이 기억하고 있었다. 방 안에 처리하지 않고 오랫동안 묵혀 둔 사건들에 대해서 부장검사의 지시로 두 달 동안 심도 있게 사안들을 하나씩 들여다보고 처리했다고 했다. 그는 이를 '대청소'했다고 표현했다. 그 검사가 발견한 억울한 사건 중 하나가 바로 임 씨 사건인 것이다.

서문에서도 이야기한 바가 있지만 사람들은 법과 싸워서 어떤 성과물을 얻었을 때, 거기에 이른 방법이 가장 옳은 방법이라고 여기는 경향이 있다. 어떤 사람은 항상 주변 사람들에게 사건을 풀기 위해서는 "검사를 감동시켜야 한다."라고 일관되게 주장했다. 왜냐하면 사건을 무혐의 처분하려는 검사를 설득해 경찰의 아파트를 압수 수색하도록 했고, 결국 사건을 조작한 증거들을 발견한 경험이 있기 때문이다.

이제 앞으로 이야기할 임정자 씨의 소송 기술을 마찬가지 맥락으로 이해할 수도 있다. 하지만 이런 소송 기술이 우리의 불합리한 법 체제를 반영해 나타난 하나의 결과물임에는 의심의 여지가 없을 것이다. 여기서 임정자 씨가 말하는 두 가지 소송 원리를 들여다보자.

핵심 증거 감추기

임 씨는 법정에서도 핵심 증거를 미리 제출하지 않았다고 했다. 핵심 증거의 가치가 없어질 뿐 아니라 판사가 그 증거를 피해서 돌아갈 수도 있다고 봤기 때문이다. 자유심증주의가 지닌 무서움은 임정자 씨가 양석원 검사에게 배운 가장 큰 교훈이었다.

그렇다면 이를 견제할 방법은 무엇인가? 임정자 씨는 판사가 '자유심증주의'가 아닌 '증거재판주의'(《형사소송법》 제307조)로 판단할 수 있도록 몰아가야 한다고 강조했다. 이에 대한 예를 보자.

1997년 안용길 씨가 위증죄로 형사재판(96고단3391)을 받을 때였다. 피고인석에는 안용길 씨와 강재민 변호사가 앉았다. 강재민 변호사는 부장검사 출신으로 당시 대전에서 가장 유명한 전관이었다.

1997년 4월 14일 2회 기일, 강재민 변호사는 피고인 반대신문에서 안용길 씨에게 물었다.

> **변호사 (강재민)** 당시 부동산 사무실에는 피고인, 임정자, 김명숙, 구영대 등이 있었고 당시 교부된 수표 2매는 동대전 농협 발행의 8230563, 8230564호 1천만 원권 수표 2매였지요.
>
> **피고인 (안용길)** 예, 그렇습니다.

그들은 임정자 씨 통장 입출금 기록에 나오는 1천만 원짜리 두 개를 난데없이 꺼내서 그것을 자신들 돈으로 뒤바꾸며 임 씨에게 빌려줬다고 증언했다. 임정자 씨는 방청석에 앉아 모든 것을 지켜봤다.

해가 바뀌고 1998년 7월 16일 15회 기일, 김명숙 씨가 증인으로 나왔다. 김명숙 씨도 같은 질문을 받았다.

> **변호사** 당시 증인은 공소 외 구영대로부터 수표를 받아 그대로 공소 외 임정자에게 전달해 주었고 그 수표 번호는 동대전 농협이 발행한 8230563, 8230564번이었지요.
>
> **증인(김명숙)** 예, 그렇습니다.

임정자 씨는 계속 기다렸다고 했다. 핵심 사항에 대해서는 상대쪽 거짓말이 나이테가 쌓이듯 계속 부풀려져야 한다. 그래야 재판에서나 검찰 수사에서 화끈한 결말을 기대할 수 있다. 은근한 거짓말은 법관의 관심을 끌지 못한다.

19회 기일이었던 1998년 11월 19일, 변호사는 증인 구영대 씨에게도 똑같이 물었다.

> **변호사** 증인이 당시 김명숙에게 빌려 준 수표는 동대전 농협 발행의 8230563, 8230564호 1천만 원권 수표 2매였지요.
>
> **증인(구영대)** 한 장이었는지 두 장이었는지는 기억이 없지만 수표로 준 것은 맞습니다.

이 답변이 법정에 울려 퍼지자 방청석에 앉아 있던 임정자 씨는 손을 천천히 들었다. 2년 동안 아무 말 없이 조용히 앉아 있던 한 중년 아주머니가 처음으로 손을 드니 윤상훈 판사는 의아한 눈빛으로 쳐다보다 발언을 허락했다. 임정자 씨는 자리에서 조용히 일어나 또 박또박 말했다.

판사님 2천만 원짜리는 사실 제 수표입니다.

판사가 그 대목에서 어떤 생각을 했을지 짐작이 간다. 2년에 걸쳐 피고인 쪽 증인 3명이 모두 자기들 것이라고 증언했는데, 난데없이 고소인 것이라고 했으니 임정자 씨를 정신 나간 여자로 봤을 것이다. 법관의 '자유심증주의'를 제대로 쓰도록 하려면, 이처럼 재판장 스스로 조사하고 싶은 '심증'이 들도록 유도해야 한다. 그렇게 임정자 씨가 법정에서 공개적으로 터트리니, 재판장은 1998년 11월 19일 20회 공판조서에 '증거 관계 별지와 같음(직권)'이라고 적고 아래와 같은 사실 조회를 보냈다.

사실 조회

당원 96고단3391호 피고인 안용길에 대한 위증 사건에 관하여 심리상 필요하여 아래 사항을 조회하오니 조속히 회보하여 주시기 바랍니다.

조회할 곳 : 동대전 농협 갈마 지소

조회할 사항 : 귀 농협 갈마동 지소에서 발행하였다가 회수한 수표 번호 8230563 및 8230564, 액면 각 금 10,000,000원, 발행일 각 1993.7.4.인 수표 2매에 대하여.

1. 위 수표 2매가 지급된 예금계좌의 종류

2. 거래 기간 및 예금주의 성명

3. 예금주의 주소와 주민등록번호 등 인적 사항

그리고 얼마 안 가 1999년 1월 21일 21회 기일에 윤상훈 판사는 안용길 씨를 위증죄로 판결했다.

안용길 씨에 대한 위증 공소사실 내용은 임정자 씨가 2천만 원 수표를 받는 것을 보았는지 여부였다. 임정자 씨는 형사재판에서 전관을 선임하면 3년은 재판을 끌 수 있었다는 사실은 미처 몰랐다고 했다. 이에 반해 민사에서 재판장들은 그 누구도 적극적으로 핵심 쟁점을 파고들려 하지 않았다. 그저 재판을 빨리 끝내고 싶어 했다. 만약 그럴 때 재판이 종결됐다면 임정자 씨는 패소 판결을 받게 되어 있었다. 임 씨에게는 이미 93고단153, 93고단1324(병합)사건 확정 판결문이 있었기 때문이다. 이런 상황에서 안용길 씨에 대한 형사 판결문을 얻기까지 임정자 씨는 민사재판을 최대한 끌어야 했다. 방법은 무엇인가.

재판 끝기

바로 재판의 주도권을 잡는 것이다. 재판장에게 끌려가면 바로 변론 종결뿐이다. 재판을 끝내고 싶은 시점까지 가져가려면 재판의 주도권을 잡아야 했다.

영화 〈황폐한 집〉에서 주인공 리처드 카스톤은 재판에 끌려가는 심정을 이렇게 말했다.

내 마음과 정신을 이 일에 집중할 수가 없어, 내 운명을 법원의 자식들이 쥐고 있는데 어떤 일에 집중을 할 수 있겠어? 변호사조차 내가 지키고 있지 않으면 믿을 수 없는데 어떻게 그럴 수 있겠어?

임정자 씨에게는 지켜야 할 일상의 삶이 있었다. 그녀는 생계를 위해 의상실 재봉사로 일해야 했고, 체력을 유지하기 위해 퇴근하면 동사무소에서 운영하는 스포츠센터에 나갔다. 그렇다면 임 씨는 어떻게 민사재판을 42회까지 끌 수 있었을까? 임정자 씨는 이 소송 기술도 바로 양석원 검사에게 배웠다고 했다. 1993년 형사재판에서 양석원 검사는 변론 종결된 재판에 병합할 새로운 사건이 있다며 변론 재개를 시키기도 했고 다음과 같은 방법을 동원하기도 했다.

귀원 93고단153, 93고단1324호 피고인 임정자에 대한 무고 등 피고사건에 관하여 새로운 증거를 제출코자 하오니 종결된 변론을 재개하여 주시기 바랍니다.

_변론 재개 신청서(1993.10.11)

임정자 씨는 이 수법을 그대로 재판에서 활용했다. 중요한 증거를 감추고 판사가 재판을 종결하기 전에 "더 할 것 있어요?"라고 물을 때, "새로운 증거가 발견됐습니다."라고 하거나 다음과 같은 내용으로 변론 재개 신청서를 제출했다.

위 당사자 간 94나1591호 사건에 관하여 1998.7.29. 변론을 종결하고 동년

9.23. 10시에 판결 선고 기일로 지정되었으나 동 사건에 대하여 아래와 같은 새로운 증거가 발견되어 증거로 제출하고 그에 대한 증인을 증거신청하여 증거 입증코자 하오니 변론 재개를 명하여 줄 것을 신청합니다.

_변론 재개 신청서(1998.8.21)

그렇다면 임정자 씨는 새로운 증거를 어떻게 발견했을까. 2008년 9월 1일부터 법원은 재판 기록 통합 열람 복사 운영 센터를 열었다. 요즘은 피해자(고소인)도 신청서를 내면 재판장의 허가 아래 상대편 기록을 살펴볼 수 있다. 하지만 당시에는 민사재판에서 안용길 씨 관련 형사 공판 자료를 넘겨받는 방법은 '기록 인증 등본 송부 촉탁 신청'뿐이었다. 형사 기록 인증 등본 송부 촉탁이란 담당 판사가 소송 당사자가 지정하는 형사 기록이 보관된 검찰청이나 법원에 그 형사 기록 사본을 보내 달라고 요청하는 것이다.

판사와 감정 대립하지 않기

임정자 씨는 법정에서 울화가 치미는 일이 있어도 절대 판사와 감정적으로 대립해서는 안 된다는 점을 강조했다. 그랬다가 돌아오는 것은 변론 종결뿐이라는 것이다. 임 씨는 판사와 감정 대립하지 않고 증거로 설득하다 보면 판사가 그녀 편을 들어줄 때도 있었다고 했다. 그녀는 한 가지 예를 들었다.

민사재판에서는 변론주의를 원칙으로 하지만 〈민사소송법〉에 제136조(석명권, 구문권), 제292조(직권에 의한 증거 조사)가 있다. 형사소송

법규칙 제141조 제1항(석명권)은 "재판장은 소송관계를 분명하게 하기 위하여 당사자에게 사실상 또는 법률상 사항에 대하여 질문할 수 있고, 증명을 하도록 촉구할 수 있다."라는 내용을 담고 있다. 이는 실체적 진실의 발견을 위해 재판장에게 주어진 임무를 명시한 것이다.

하지만 임 씨는 1993년 형사 공판 경험에서 재판장이 석명 명령을 해도 그 내용을 챙겨서 공판조서에 쓰지 않거나 못 본 척해 버리면 아무 소용이 없다는 사실을 깨달았다고 했다. 〈민사소송법〉 제292조가 최상의 방법이다. 임 씨는 재판장이 그녀 편을 들어 이런 재량권을 사용한 적이 있었다고 했다. 그 과정을 설명하면 이렇다.

임정자 씨가 항소해 김명숙 씨와 다시 민사재판에서 만났을 때다. 피고 김명숙 씨는 대전에서 가장 유명한 전관인 강재민 변호사를 선임한 반면 임정자 씨는 변호사 없이 직접 원고로 나섰다. 임정자 씨는 피고 김명숙 씨를 비롯해 이갑수·김병호·안용길 씨 등을 증인 신청했지만, 그들은 법정에 한 번도 나타나지 않았다.

강재민 변호사는 피고 김명숙 씨가 교통사고가 나서 법정에 못 나온다고 했다. 임 씨는 피고 김명숙 씨가 원고에게 줬다는 2천만 원짜리 수표에 대한 석명 명령 신청서를 재판부에 제출했다. 이런 일이 계속 되풀이됐는데 어느 날 김기진 재판장이 석명 명령을 내렸다.

그랬더니 강재민 변호사는 "나는 아무것도 모릅니다. 피고 본인에게 물어보십시오."라고 답했다. 그러나 김명숙은 계속 송달을 피하고 있었다. 직권주의적 요소인 석명권이 있다고 하지만 이것은 보완 장치일 뿐, 어디까지나 원칙은 '변론주의'다. 변론주의는 입증 문제이기 때문에 새롭게 어떤 증거를 입증하지 못하면 형사 판결문과 민사 1심을 패소한 임정자 씨가 재판에서 지게 되어 있었다.

임 씨가 순간 변호사에게 쏘아붙였다.

이 재판에 뭐 때문에 나왔어요? 지금 잠을 자다 나왔어요?

그러면서 힐끔 재판부를 쳐다봤다고 했다. 판사는 미소를 짓고 있었다. 임정자 씨는 재판장을 향해 진지하게 요청했다.

피고 대리인은 김명숙의 교통사고를 말로만 하는데, 재판부에 진단서를 증거 제출하도록 촉구해 주십시오.

그때서야 그동안 이 부분을 문제 삼지 않던 판사가 피고 대리인에게 묻는다.

재판장 피고 김명숙이 정말 교통사고가 났습니까?
피고 대리인 경상입니다.

임정자 씨는 이 말을 듣고, 다시 재판장에게 요청했다.

피고는 법정에 절대 안 나옵니다. 송달을 절대로 받지 않습니다. 그러니 피고 대리인에게 직접 데리고 나오라고 해주십시오.

재판장은 다음 기일에 피고를 데리고 나올 수 있느냐고 물었고 풀이 죽은 변호인은 그렇게 하겠다고 답했다. 그다음 기일(34회)에 강재민 변호사는 김명숙 씨를 데리고 나오기로 했다.

당시 임 씨는 안용길을 위증 기소시킨 후 대전을 떠나 서울로 거처를 옮긴 후였다. 재판을 위해 항상 서울에서 대전으로 버스를 타고 왔다. 피고 본인 신문이 잡힌 1998년 7월 29일, 임 씨는 재판 시각 '14 : 00'를 오후 4시로 착각하고는 한 시간 이상 늦게 법정에 도착했다. 판사가 마음만 먹으면 충분히 직권으로 종결할 수도 있는 상황이었다.

그러나 법정에 도착하니 김기진 재판장은 여유 있게 임 씨를 기다려 주고 있었다. 게다가 "아, 이제야 오셨어요?" 하면서 반갑게 맞이해 주었다. 법정을 둘러보니 피고 대리 변호사와 김명숙도 어쩔 수 없이 붙잡혀 있는 표정으로 기다리고 있었다.

증인석에 앉은 김명숙 씨는 재판장에게 증언하지 않겠다고 했다. 임정자 씨가 같은 사건으로 몇 년 동안 부르고 또 불러서 너무 괴롭다며 항복하고 싶은 심정이라고 말했다고 한다. 김명숙 씨는 재판장에게 재판에서 져도 좋으니까 제발 끝내 달라고 사정했다.

하지만 재판장은 단호하게 당사자 본인 신문을 해야 한다고 못 박았다. 임정자 씨는 피고 김명숙 씨가 구영대 씨에게 2천만 원짜리 수표 한 장을 빌려 줬다는 증거를 묻기 시작했다. 김명숙 씨는 증거를 수사기관에 직접 제출했느냐는 질문에 담당 검사가 했다는 등 당시 수사 검사 탓으로 돌렸다. 1998년 9월 18일 김기진 재판장은 2천만 원 수표에 대해서 변론 준비 명령을 내린다.

대전고등법원 제1민사부 변론 준비 명령

사건 94나1591 부당 이득금 반환

위 사건에 관하여 원피고는 다음 변론 기일까지 아래 사항에 대하여 주장을 정리하거나 제출하시기 바랍니다.

1) 원고 임정자

　　원고의 재개 신청서에 의하면 지금까지의 주장과 달리 1991.6.경 피고 김명숙으로부터 금 2천만 원을 수령하였지만 이는 원고가 위 피고에게 1991.5.14.경 대여해 준 금원을 변제 받은 것이라는 취지인바, 그렇다면 종전의 주장인 그 무렵 위 피고로부터 금원을 수령한 바가 없다는 주장은 철회하는 것인지?

2) 피고 측

　가. (1) 피고 김명숙은 1991.5.14.경 원고로부터 금 2천만 원을 지급받은 사실은 인정하는 것인지?

　　　(2) 있다면 그 명목은 무엇인지(대여받은 것인지, 대여금을 변제받은 것인지, 투자금의 반환인지?)

　　　(3) 투자금의 반환이라면 어떤 부동산에 대한 얼마의 투자금에 대한 반환으로 지급받게 된 것인지? (이하 생략)

　임 씨에게는 난생 처음 벌어진 일이었다. 형사 공판을 받을 때조차 2천만 원에 대해 물어봐 달라고 주장했지만 아무도 해주지 않았다. 당시 김기진 재판장이 전관을 그렇게 푸대접하면서 임정자 씨에게 직권으로 증거 조사를 하거나 피고에게 강제로 선서를 시키고 당사자신문을 하도록 명령하는 것은 결코 쉬운 일이 아니었을 것이다.

재심 청구

결국 임정자 씨는 그녀를 파멸시켰던 일곱 명에 대한 형사처벌과 더불어 민사재판 항소심에서도 승소 판결을 받았다. 대전지방법원에서 승소 판결을 받고 다시 혼자서 서울행 버스에 올라탔을 때 차창 밖 풍경을 바라보며 이루 말할 수 없는 행복감에 젖어 들었다. 이루 형용할 수 없는, 지난 세월에 대한 만감이 교차했다. 이제 그녀의 법적 항해는 재심을 통해 종료될 시점에 다다른 것처럼 보였다. 하지만 그녀의 예상과는 다른 일들이 벌어졌다.

이는 재심이라는 것이 그녀가 생각했던 것보다 얼마나 엄격한지에 대한 법적 지식이 부족했던 것 때문만은 아니었다. 그렇다면 무엇이 그녀의 앞길을 가로막았는지 한번 살펴보자.

2002년 7월 6일, 임정자 씨는 여섯 명에 대한 (모해) 위증 판결을 바탕으로 재심을 청구했다. 대전지방법원 노태악 판사는 임 씨의 구속을 가져온 김명숙 사건(93고단153)과 병합됐던 채형석 사건(93고단1324)의 확정판결을 재심 대상 판결로 삼고, 재심 개시(2002재고단2)를 명했다. 그날이 2002년 12월 3일이었다. 임정자 씨가 구속되고 10년이라는 세월이 흘러 다시 원점으로 돌아온 것이다.

재심 시작 직후 임정자 씨는 낙상 사고로 병원에 입원한다. 임 씨는 재판을 중단할 수 없어 주변 사람에게 소개를 받아 급히 사선변호인을 선임했다. 임정자 씨가 선임한 변호사는 법원에 잠시 몸을 담았던 경력이 있었는데, 임 씨는 그가 전관인지 몰랐다고 했다.

"부장판사가 퇴임 직후 변호사로 법정에 나와 이야기를 하면, 법관들 처지에서는 인간적으로 경청을 하게 되어 있다."라는 김기창 교수의 말처럼 법률가 대다수는 피고인의 양형을 조절하는 문제에서는 재판을 부드럽게 풀어 나가야 하기에 전관이 적절하다는 점은 동의했다. 앞에서 안용길 씨가 대전에서 가장 유명한 전관 변호사를 선임해 재판을 3년을 끌었듯이 임정자 씨가 전관을 선임했다면, 임정자 씨에게 유리한 상황이 펼쳐지지 않았을까?

부분 무죄

임정자 씨는 전관 변호사를 선임한 후 진행된 재심에서 안용길 씨와 김명숙 씨를 증인으로 신청했다. 안용길 씨와 김명숙 씨는 핵심적인 증인들이었다. 김명숙 씨는 2천만 원 수표를 임정자 씨에게 빌려 줬고, 임 씨가 채형석 씨에게 건넨 2천5백만 원 중 2천만 원은 자신이 준 수표라고 했다. 김명숙 씨와 안용길 씨는 모두 아파트 모델하우스에서 임정자 씨가 채형석 씨에게 1천9백만 원을 받는 것을 보았다고 증언했다. 임정자 씨가 김명숙 씨를 모해 위증죄로 처벌한 확정판결은 2천만 원 수표를 거짓으로 만들었고 이는 채형석 씨 사건을 지탱했던 근간까지 무너뜨릴 듯했다. 임정자 씨를 구속한 김명숙 씨 사건의 공소사실 첫 부분을 살펴보자.

평소 친하게 지내던 피해자 김명숙에게 피고인이 1992.5.29. 대전동부경

104

찰서에서 폭력행위등처벌에관한법률 위반죄로 고소한 사건 외 채형석에 대하여 피고인에게 유리한 진술을 하여 달라고 요구하였으나 거절당하자 이에 앙심을 품고 …… 금 2천만 원을 차용하였다가 ……

양석원 수사 검사는 이렇게 김명숙·채형석 사건을 상호 연관성 있게 만들었다. 김명숙 씨 사건에서 공소사실을 믿을 수 없다면 공소사실에 나오는 채형석 씨 부분도 무너져야 하는 게 임정자 씨에게는 상식이었다.

하지만 재심 재판부는 안용길 씨가 증언을 마친 후, 증인으로 채택되어 있던 김명숙 씨와, 임정자 씨가 증인으로 신청한 양석원 씨를 판사 직권으로 취소시키면서 변론 종결을 했다. 2006년 6월 30일 선고가 내려졌다. 판결문(2002재고단2)에서 판단 부분을 살펴보자. 이는 임정자 씨를 처음 구속으로 몰아갔던 사기, 무고건(93고단153)에 대한 무죄 선고를 내리고 있다.

이 부분 공소사실에 부합하는 안용길·구영대·김병호·김명수·김명숙·이갑수의 각 법정 및 수사기관에서의 진술은 안용길에 대한 대전지방법원 96고단3391, 같은 법원 99노267 위증 사건, 구영대·김병호·김명수·김명숙에 대한 같은 법원 99고단506, 99고단1366(병합), 99고단3039(병합) 모해 위증 등 사건, 이갑수에 대한 같은 법원 2000고단1293 모해 위증 사건에서의 각 확정된 판결문들의 기재에 비추어 믿기 어렵고, 다른 증거능력 있는 증거들도 위 판결문들의 기재에 비추어 믿기 어렵거나 이 부분 공소사실을 인정하기에 부족하며, 달리 이 부분 공소사실을 인정할 증거가 없다. 따라서 이 부분 공소사실은 범죄의 증명이 없는 때에 해당하므로 형사소송법 제325조 후단에 의하여 피고인에게 무죄를 선고한다.

하지만 추가 병합된 채형석 무고건(93고단1324)은 다른 판단을 내리고 있다.

피고인은 채형석에 대한 무고의 점에 대하여도 무죄가 선고되어야 한다는 취지로 주장하나, 위 안용길·구영대·김병호·김명수·김명숙·이갑수에 대한 각 위증 또는 모해 위증 사건은 채형석에 대한 무고의 점은 아니어서 채형석에 대한 무고의 점에 대하여는 재심사유가 인정되지 않아 유죄를 인정한 재심 대상 판결을 파기할 수 없으므로 피고인의 이 부분 주장은 이유 없다.

요약해 보면 채형석 씨 사건에서는 확정판결이 없으니, 재심사유가 없다는 것이다. 판결문에 나온 증거 요지를 살펴보자.

1. 제4, 22회 공판조서 중 증인 채형석의 각 진술 기재
1. 검사 작성의 이종태에 대한 피의자 신문조서의 진술 기재
1. 검사 작성의 조은숙, 박경동에 대한 진술 조서의 진술 기재
1. 사법경찰리 작성의 정진우에 대한 진술 조서의 진술 기재

1993년 임정자 씨 형사 판결문에 나온 증거 요지와 비교하면 안용길 씨와 김명숙 씨가 빠진 채 모든 게 그대로였다. 임정자 씨는 이 판결을 받아들일 수 없다며 항소(2006노1242)했다. 임 씨는 이런 판결

이 나온 원인을 자신의 사선변호인이 제출한 변론 요지서 때문이라고 판단했다. 변론 요지서에는 채형석 씨 사건은 재심사유가 없으니 관대한 처벌을 바란다는 내용을 담고 있었다. 판결문에도 "피고인은 채형석에 대한 무고의 점에 대하여는 무죄가 선고되어야 한다는 취지로 주장하나"라고 되어 있는 것처럼 변호인이 임정자 씨 주장을 모를 리 없었다.

기수 문화

임 씨의 사선변호인은 당시 변론 요지서를 의뢰인에게 보여 주지 않고 제출한 이유를 이렇게 설명했다.

변호사 업무상 얘기인데, 변호사들에게는 프라이드가 있잖아요. 소송 당사자들은 아마추어고, 프로가 아마추어한테 하나하나 결재를 받는다는 게 그렇잖아요.

재심사유가 없다는 변론 요지서를 제출한 이유가 궁금했다.

종결될 때까지 입증이 안 됐으니까. 입증만 되면 재심사유에 해당할 수 있단 말이에요. 나도 좀 실수를 했다 싶은 게, 재심사유가 있는지 없는지는 재판을 진행하면서 입증하면 되는데, 그때 판사가 빨리 제출하라고 하여 정신이 없었어요. 그게 무엇이 빠졌느냐 하면 이렇게 괄호에다 [적어] 넣으면 돼요. '재심사유가 입증되지 아니하여' 그 말을 넣어야 하는데, [또는] '재심사유에 대한 입증이 부족하여', '입증이 없어', '입증이 부족하여' 이 말이 빠졌단 말이에요.

그러면서 변호사는 양석원 전 검사 이야기를 먼저 꺼냈다. 그에 따르면 양석원 검사는 2002년 서울지검 피의자 고문치사 사건으로 같은 해 11월 13일 〈특정범죄가중처벌에관한법률〉 위반(가혹행위)으로 기소돼 2005년 5월 26일 대법원 확정판결을 받았고 뒤이어 변호사 자격을 정지당했다. 하지만 2007년 12월 31일 대통령 특별 복권 대상에 포함되었다.

특별사면을 받은 그해 봄에 양석원 전 검사는 대한변호사회 심사위원회의 변호사 자격 심사에서 통과해 변호사로 다시 나서게 되었다. 그런데 사선변호인이 이처럼 상세히 알고 있는 이유가 무엇일까. 바로 그가 대한변호사회 심사위원회에 속해 있었기 때문이다. 임정자 씨는 서울에 그 많은 변호사 중에 자신이 선임한 변호사가 하필이면 상대와 이런 관계였는지 놀랐지만, 그만큼 법조계가 좁다고 보는 게 옳다.

한 변호사에게 사법연수원 교육의 장점을 물은 적이 있다. 우선 판결문 쓰는 교육을 받아 재판을 이해하기가 쉽다는 점과, 연수원을 2년간 다니면서 알게 된 사람들이 결국에는 모두 자신의 인맥이 되는 점을 들었다. 이를 '기수 문화'라고 부르기도 한다.

사법고시에 합격한 사람들은 연수원에서 2년간 한솥밥을 먹으면서 동질감이 형성된다. 연수원 동기는 사법연수원을 졸업하고 판사·검사·변호사로 갈라지더라도 서로를 평생 상부상조할 사이로 인식하게 된다. 이런 동질성은 법원에서 고등법원 부장판사로 승진하지 못한 다수가 함께 옷을 벗고 나오는 현상으로 이어지기도 한다.

최근에는 퇴직해 변호사로 나와도 돈을 벌 수 있다는 보장이 없어, 눈 딱 감고 그냥 법원에 눌러앉아 있는 현상도 있는데 여전히 이는 파격이다. 중요한 것은 이런 기수 문화와 피라미드식 법원 임용 제도를 가진 우리 법조계는 다른 나라 법조계와 서로 다른 모습을 보일 수밖에 없다는 것이다. 이를테면 이런 풍경이다. 변호사는 의뢰인 임정자 씨 앞에서 이런 말을 한다.

양석원 검사가 생활이 굉장히 비참하더라고. 얘기 들어 보니까 셋방에서 살고, 그러니까 그 동기생들이 도와줘서 산다고 그러고⋯⋯.

변호사 자격 정지 시절의 고생담을 동정하듯 풀어 놓은 것이다. 그리고 채형석 씨 사건을 무죄로 만들고자 재심(항소심)을 진행하는 임정자 씨에게 이런 말도 한다.

그런데 그 부분은 입증하기가 쉽지 않아요. 채형석은 진작 죽었지, 양석원 이놈은 부른다고 뭐 자기가 강압 수사를 했다고 얘기하겠어요?

그러면서 소송은 그만하고 여생을 편히 살라고 조언했다. 끝으로 변호사는 자신이 재심사유가 없다는 변론 요지서를 써낸 취지는 그런 게 아니었다고 극구 부인하면서 이렇게 덧붙였다.

우리 임 여사님이 이것 때문에 문제가 생기면 재판장을 직접 만나서 사유를 설명해 드리고, 뭐 재판장님이 문제 삼는다면 제가 대전에 내려가서 재판장을 직접 만나서 그런 취지라고 얘기해 줄 수 있어요.

그녀가 수임한 변호사도 결코 임 씨에게 힘이 되지 못했다. 이런 현실에서 임정자 씨는 자신과 같은 입장에서 도움을 줄 사람들과의 연대를 원했다. 그들은 인터넷의 법정 계모임 카페들을 중심으로 모인 사법 피해자들이었다. 다음 장은 법정 계모임에서 어떤 도움들이 오가는지를 살펴보자.

7장

그녀의 싸움 3
_____ 연대하기

법정 계모임

유재복 판사는 2007년 2월 1일자 『법률신문』에 "석궁 테러를 바라보는 심정"이라는 글에서 "재판은 늘 패소자를 양산하고 있어 그만큼 법원에 불만을 품는 사람들이 갈수록 늘어나게 마련이다. 인터넷의 발달로 이런 사람들은 조직적으로 뭉치고 집단적으로 움직일 것이다."라고 언급했다. 이 예측은 정확하게 들어맞았다.

인터넷이 발달하면서 소송하는 사람들끼리 서로 재판에 가주는 일종의 재판 계모임 단체들이 생겨났다. 한번은 고경태 기자와 한겨레신문사 근처 서울서부지방법원을 지나가다 한 무리의 사람을 만났다. 고경태 기자가 어떤 사람들이냐고 묻기에, 재판 계모임이라고 했더니 피식 웃는다. '세상에 그런 것도 있나?' 하는 표정이다. 하지만 세상 모든 현상에는 그럴 만한 이유가 있다. 자기 돈을 들이면서 재판에 온 사람들에게 식사를 대접해야 하는 재판 계모임은 누가 시킨다고 생기는 게 아니다. 나와 동행한 사람이 기자라는 것을 안 한 아주머니는 다가와 명함부터 달라고 보챘다. 고경태 기자는 얼떨떨한 표정을 지으며 명함을 건네줬다.

법정 계모임 구성원들은 어떤 사연을 가지고 왔을까. 이들의 이야기 속 사실관계를 들여다보면, 채권·채무 금액의 크기를 논하는 사건, 교통사고 사건, 사기 사건 등 저마다 사정은 다르지만 하나같이 사회적·역사적으로 큰 가치가 없는 싸움으로 인식된다는 점이 공통분모다. 그러나 그들 개인에게 벌어진 일들은 여상원 부장판사의 표현처럼 '우주보다 더 큰 사건'이다.

법정 계모임 구성원 중 많은 이들이 변호사들에게 무시를 당한 경험을 가지고 있다. 최 씨 아주머니 사례를 보자. 최 씨가 사법 경험을 하게 된 것은 교통사고를 당한 남동생 때문이었다. 남동생은 2005년 3월 1일 새벽 2시경, 트럭으로 신문을 운송하다가 송파구 풍납동에 있는 사거리에서 승용차와 충돌했다. 하지만 초동수사 전 단계부터 경찰이 남동생을 가해자로 지목하자 최 씨는 변호사를 물색하게 된다. 최 씨는 인터넷 검색으로 교통사고 전문 변호사를 알아냈고 그에게 사건을 맡겼다.

변호사는 기록을 검토하고 나서 과거 교통사고 비율을 한참 인용하더니 이 사건은 무죄판결을 받기 어렵다고 했다. 그러면서 그냥 혐의를 인정하고 사회로 복귀하는 게 현명하다고 조언했다. 최 씨의 상식으로는 공소사실을 인정할 것이라면 사선변호인을 선임할 이유가 없었다. 최 씨가 계속 고집을 부리자 그 변호사는 오히려 화를 냈다. 첫 공판을 연기해 가며 다투어 줄 것을 요구했지만 사건을 맡은 변호사는 구치소에 있는 남동생을 찾아가 수차례 설득했고 첫 공판에서 피고인은 변호사가 시키는 대로 공소사실을 인정했다.

이렇게 돌아갈 일이 아니라고 판단한 최 씨는 몇 달 동안 남동생이 결백하다는 증거를 모았고 다시 변호사를 찾아가 변론 재개를 부탁했다. 그런데 변호사는 공소사실을 인정했는데 다시 변론을 재개해 달라고 하면 자기 체면이 뭐가 되겠느냐며 화를 냈다는 것이다. 법이 상식을 넘을 수 없다고 생각하는 최 씨에게는 이해할 수 없는 일이었다.

앞으로도 보겠지만 상식이 무너지는 일은 국선과 사선변호인을 가리지 않는다. 재판을 보면 국선변호인 정책에 의문이 드는 풍경을 가끔 접한다. 우선 피고인이 국선변호인을 선임하는 방법을 알아볼 필요가 있다. 첫 번째는 빈곤이나 기타 사유로, 사선변호인을 선임할 수 없으면 재판부에 청구해 국선변호인을 선임할 수 있다.

두 번째는 법원 직권으로 피고인에게 국선변호인을 선임하기도 한다. 대표적으로 구속 사건인 경우, 피고인이 미성년자이거나 70세 이상 고령일 때, 농아이거나 심신장애 의심이 들 때이다. 그리고 사형, 무기 또는 단기 3년 이상의 징역이나 금고에 해당하는 사건은 변호사 없이 개정開廷하지 못하므로, 이 경우 사선변호인을 선임하지 못하면 법원에서 국선변호인을 선정한다.

이 밖에 임정자 씨 사례처럼 재심 개시 결정이 확정된 사건도 국선변호인이 선임되는 경우가 있다. 국선변호인 정책은 이처럼 몇몇 조항에 한해 '국선변호사 강제주의'를 취한다.

그런데 한 형사사건에서 구속된 피고인이, 불성실함을 이유로 국선변호인 변경 신청을 하자, 재판부는 다시 변호인을 선임해 줬다. 피고인은 다시 선임된 국선변호인도 불성실하다고 변경 신청을 했는데 다시 재판부는 국선변호인을 선임해 주려고 했다. 참다못한 피고인은 재판장에게 국선변호인을 거부할 권리는 없는 것이냐며 소리를 질렀다. 왜 이런 일들이 벌어지는 것일까.

내가 만난 대부분은 자신들이 별 볼일 없어 보여 무시당했다고 생각했으며, 결국 개인적으로 힘이 없다는 것을 깨닫게 된 사람들이다. 그런 경험 때문에 이들은 서로 돕는 단체에 가입하게 된다. 그러나 이들의 법적 지식은 법 전문가를 따라갈 수가 없다. 그중에는 입증 책임에 대한 지식도 포함된다.

예를 들어 문서의 위조 여부가 다투어질 때 법원에서 알고 싶은 것은 문서에 찍힌 도장이 피고의 것인지 여부이다. 이에 따라 재판 결과는 상당히 달라진다. 일단 피고가 자기 도장이라고 한다면 문서가 위조되지 않았다는 것을 피고가 입증해야 하고, 피고가 본인 도장이 아니라고 한다면 이것을 피고가 찍었다는 것을 원고가 입증해야 한다. 자필 서명이 문제라면 문서 감정을 해야 하는데, 이에 대해 아는 사람들은 그다지 없었다. 임정자 씨 또한 '피고인의 유죄 입증은 검찰 책임'이라는 것만을 알고 있을 뿐 재심에서 입증책임은 재심 청구인에게 있다는 지식은 없었다. 가르쳐 주는 사람이 없었기 때문이다.

그러나 이 계모임 회원들이 법률 전문가가 아니라고 해서 우습게 여겨서는 안 된다. 이들이 서로 주고받는 법률 조언들 중에는 변호사들로부터는 결코 들을 수 없는 것들이 있다.

정보 교환

　최 씨 아주머니는 동생의 출소를 열흘 남겨 두고 항소심 재판부를 기피 신청했다. 피고인의 무죄를 입증하기 위해 신청한 증인을 받아 주지 않았기 때문이다. 그런데 최 씨는 기피 신청을 하면 소송을 정지시키는 내용이 담긴 〈형사소송법〉 제22조(기피 신청과 소송의 정지)가 있는지는 몰랐다.

　구치소에 있던 동생은 누나에게 왜 기피 신청을 했냐며 "하루라도 이곳에 있기 싫다."라는 원망을 쏟아 냈다. 최 씨 아주머니는 변호사, 구치소 관계자, 해당 재판부 사무관, 참여연대 등 모든 곳에 문의했지만 전부 〈형사소송법〉 제92조 제3항 "공판절차가 정지된 기간은 구속 기간과 갱신 기간에 산입하지 아니한다."를 말하면서 다음 재판부가 연결될 때까지 동생이 구치소에 있어야 한다는 이야기만 들었다고 한다.

　그녀는 절절한 사연을 담아 서울동부지방법원장 앞으로 질의서를 보냈다. 그러자 이튿날 남동생은 출소됐다고 했다. 최 씨 아주머니는 법이란 판사가 어떻게 해석하느냐에 따라 달라지기에 '원하는 법 해석을 받을 때까지' 매달리고 노력하는 게 중요하다고 했다.

　다른 한편 최 씨 아주머니는 남동생 사건에서 자신이 겪었던 경험을 말해 주면서, 변호사가 변론 재개를 완강히 거부하는데 어떻게 했으면 좋겠냐며, 변호사 수임 경험이 있는 계모임 회원들에게 상담을 청했다. 최 씨는 이들의 조언을 받아들여 먼저 변호사비 반환을 요구했다. 변호사는 당연히 거절했다.

　최 씨는 다시 변론 재개를 요구했다. 변호사는 역시 받아들이지 않았다. 최 씨는 변론 재개 또는 수임료 반환 가운데 한 가지를 택하라며 버텼다. 결국 변호사는 '딱 한 번'을 강조하며 변론 재개 신청서를 재판부에 냈다.

이처럼 사람들은 변호사와 상대할 때도 법정 계모임 사람들에게 도움을 구하지만 재판이 열리는 날 동행해 주기를 무엇보다도 바란다. 그것은 여상원 부장판사가 지적하듯이 법원을 찾는 이들은 공통적으로 "위축되고 초조해 하며 불안"한 마음을 갖기 때문이다. 따라서 안면이 있는 사람들이 방청석에 앉아 있으면, 떨리지 않고 좀 더 용기를 내서 자기주장을 펼칠 수 있을 것이라고 기대한다.

법률가와 보통 사람들 간의 대화법에는 차이가 있다. 당사자는 사건의 발단부터 말하고 싶어 하지만 판사들은 대부분 어떤 쟁점에 대한 명확한 당사자의 입장 또는 의견과 그 근거를 듣고 싶어 한다. 배임죄의 여부를 논하는 사건을 예로 들어 보자.

배임죄는 '타인의 사무를 처리하는 사람이 그 사무에서 불법행위를 하여 재산상의 이익을 취득하거나, 제3자로 하여금 이를 취득하게 하여 자신에게 손해를 가하는 범죄'를 말한다. 따라서 법률가들은 사건을 접할 때, 직무가 뭐지? 위배가 뭐지? 손해가 뭐지? 이득이 뭐지? 이렇게 자르고 구분해 그 사항에 맞는 내용을 끼워 넣는 방식으로 사고한다.

이렇게 서로 다른 사고방식이 현실에서는 어떤 모습으로 나타나는지를, 민사재판을 제기한 한 시민의 예를 통해 살펴보자.

발언권 얻기

그는 경찰관들이 "합의 안 되면 득 될 것이 없어", "당신이 이러면 여러 사람이 피해를 입어."라고 말하며 공포 분위기를 조성했기 때문에 '합의 각서'를 써줄 수밖에 없었다고 했다. 재판에서 변호사가 원고의 이런 주장을 펼치자 재판장은 "변호사님이 그걸 봤습니까? 썼으면 그만입니다." 하고 딱 잘라 말했다. 재판장은 그가 합의 각서를 쓰게 된 발단과 정황을 들어 주지 않았다.

물론 이런 현상에 대해, 법률가의 사고방식 외에도 판사의 수가 모자라는 현실을 지적하기도 한다. 1980년 약 26만 건이던 1심 본안 사건이 2000년 이후로는 1백만 건을 훨씬 상회했고 사건 내용도 훨씬 복잡해졌다. 그런데 같은 기간 판사의 수는 세 배 정도 늘었을 뿐이다.

임정자 씨 역시 평범한 사람들에 대한 사건 기록을 판검사가 특별히 시간을 내서 검토할 것이라고는 생각하지 않는다고 했다. 법정이라는 장소에서 발언 기회가 왔을 때 그 순간만큼이라도 재판장이 관심을 갖게 만든다면 성공했다고 여긴다. 한번은 재판장이 임 씨에게 발언 기회를 주자 그녀는 일어나 법원 직원에게 서류를 나눠 주며 다음과 같이 말했다.

제가 진술한 내용은 방금 전 민원실을 통해 제출은 했는데요. 재판장님도 이 증거들을 간단하게 보시면서…… 제가 냈지만 지금 보셔야 하잖아요. 제가 말씀 드릴 때 이해가 되려면 보셔야 해요. 공판 검사님께도 한 부 드리고요. 검사님도 한 부 보시고. 이렇게 봐야 말이 되니까요.

하지만 보통 사람들이 임정자 씨를 따라할 수는 없을 것이다. 대부분 발언 기회를 줘도 횡설수설로 이어진다. 결국 재판장은 "써서 내시면 제가 자세히 읽어 볼게요."라며 말을 자르곤 한다. 말이 잘린다고 해서 재판부에게 항의하기도 어렵다. 대부분은 판사의 심기를 건드리면 안 된다고 여기기 때문이다.

이들은 자세를 낮추더라도 무시는 당하지 않아야 하겠기에, 법정 계모임을 필요로 한다. 사건을 대형 로펌이 맡았다면 그 사실만으로도 법정에서 사건의 무게가 느껴진다. 마찬가지로 보통 사람들은 이런 법정 계모임을 활용해 '무시해도 좋을 사건이 아니다'라고 압박하는 것이다.

보통 사람들은 방청석에 사람이 많이 있으면 재판장이 함부로 원고나 피고의 말을 자르거나, 이야기도 들어 보지 않은 채 기판력을 이유로 변론 종결을 하지 않을 것이라 기대한다.

실제로 방청석에 사람들이 자리를 채우기 시작하면 재판장들이 신경을 쓴다는 것을 알 수 있다. "어디서 왔어요?"라며 공공연하게 묻는 경우도 있지만, 딱히 묻기가 그럴 때는 대기하고 있는 원고와 피고의 출석부를 불러 본다. 출석부를 모두 부른 후에 "나머지 사람들은 누굽니까?"라고 슬며시 묻기도 한다.

물론 이 밖에도 기상천외한 방법들이 동원된다. 한 법정 계모임 대표 어우경 씨는 청학동 훈장처럼 수염을 기르고 있었다. 그 이유는 무엇일까. 한국에서 자란 판사라면 경로 효친 사상을 은연중에 갖고 있을 것이라는 게 그의 주장이었다. 웃고 넘기기에는 씁쓸한 풍경이 아닐 수 없다.

함께 시위하기

법정 계모임은 사건을 해결하기 위해 시위를 하기도 한다. 그러나 시위도 언제 어떻게 하느냐가 중요하다.

시위 장소는 어디일까. 전국의 법원 정문 앞은 물론이고, 삼일절 기념행사가 열리는 충남 천안 독립기념관처럼 대통령이 다니는 길목도 이들이 선호하는 장소다. 매년 10월 초에 정기적으로 열리는 대법원·대검찰청·서울중앙지방법원 등의 국정감사 때는 이들의 집회도 대목을 맞는다고 할 수 있다. 이때는 피켓을 두고 사수하려는 사람들과, 압수영장을 들고 치우려는 서초경찰서 간의 신경전이 고조된다.

이들은 왜 시위를 하는 것일까. 첫째는 언론에 노출되어 공론화되기를 바라는 것이다. 법원이 언론을 가장 부담스러워 한다는 것은 모두가 인정하는 사실이다. 그러나 보통 사람들이 보도 자료를 돌린다고 해서 기자들이 올 리는 없다. 따라서 법원에 큰 사건이 있을 때는 자기 사건을 적은 피켓을 들고 취재진의 관심을 받고자 한다.

그리고 이런 시도가 전혀 성과를 얻지 못하는 것도 아니다. 가끔씩 가장 높은 자리에 있는 사람의 지시가 떨어질 때도 있다. "법조 타운 시위자들 다 어디 갔지? 검찰, '단골' 10여 명 하소연 들어주고 설득"이라는 2006년 9월 7일자 『문화일보』 기사를 살펴보자.

서울 서초동 법조 타운의 '나 홀로 시위꾼'들이 사라졌다. 이들은 하루도 빠지지 않고 서울 서초동 대검찰청과 서울중앙지검 앞에 모여 저마다의 '사법 피해'를 호소해 온 사람들이다. 왜 갑자기 사라졌을까. 검찰이 3주간에 걸친 '대작업'을 벌인 끝에 시위대 대부분을 해산시키는 데 성공한 것이다. 검찰 등에 따르면 시위대 대표자들은 6일 서울중앙지검 공안2부(정병하 부장검사) 면담을 마친 뒤 이날 오후 5시쯤 "피켓 시위를 하지 말자"고 합의 했다. …… 공안2부의 김병현, 김신, 조재호 검사는 2주일간에 걸쳐 시위 대에 관한 각종 기록을 정리·검토한 뒤 지난주부터 시위대와 면담을 벌였 다. 김병현 검사의 경우 하루 4~5시간씩 '하소연'을 들었다.

시위자들은 이렇게 줄을 서서 검사들과 면담을 했고 그들 가운데 두세 명의 관련 사건에 대해 재기 수사 명령이 내려졌다. 대검찰청 이 이처럼 시위자들에게 '수사 절차 조정'으로 답한 반면 대법원은 '판결'로 답했다. 법정 계모임 구성원들이 피켓을 들고 대법원 앞에 서 시위를 하자, 법원은 계모임 회장 어우경 씨에게 그 책임을 지웠 다. 즉 판사들에 대한 명예훼손 등으로 2009년 10월 9일 서울중앙지 방법원에서 1년 6개월의 실형을 선고받게 된 것이다. 그는 일인 시 위와 인터넷을 결합시킨 장본인이었다.

그런 그가 구속되고 실형을 살게 된 것이다. 그가 판사들에 대한 명예훼손으로 법정 구속되는 것을 본 나머지 회원들은 그 후로 좀처 럼 시위를 하려고 하지 않았다. 그 대신 합법적인 방법에 의지하고 자 했다. 그건 어떤 방법들이었을까.

판사에게 소송 걸기

　재판에서 공정한 재판을 기대하기 어려운 사정이 있을 때에는 〈민사소송법〉 제43조(당사자의 기피권)에 따라 재판장을 기피 신청할 수 있다. 기피 신청이 들어오면 이에 대한 재판은 〈민사소송법〉 제46조에 따라 그 신청을 받은 법관의 소속 법원 합의부에서 결정한다. 제46조 제2항을 보면 "제척除斥 또는 기피 신청을 받은 법관은 제1항의 재판에 관여하지 못한다."라고 나와 있다.

　하지만 현실에서는 기피당한 법관이 기피 신청을 기각하는 경우가 종종 있다. 이런 것을 막고자 사람들은 판사에게 민사소송을 제기하기도 한다. 왜냐하면 〈민사소송법〉 제41조를 보면 법관 또는 그 배우자나 배우자였던 사람이 사건의 당사자인 경우에는 직무 집행에서 제척되기 때문이다. 판사가 민사재판에서 원고의 당사자인 '피고'가 되면 기피 신청을 본인이 기각하며 독단적으로 재판을 강행할 수 없을 것이라고 여기는 것이다.

　세간에서는 이를 어떻게 볼까. 2009년 8월 4일자 『서울신문』 "소송당하는 판사들"이라는 기사의 일부를 보자.

　　법원이 소송에 휘말리고 있다. 억울한 사연을 가진 이들도 있지만, 일부 민원인들은 재판 과정 등에 불만을 품고 상습적으로 소송을 제기한다. ……그 과정에서 소송 당사자가 된 법관이 받는 압박감은 엄청나다. 법원행정처 관계자는 "피고가 된 입장에서 법정 공방을 벌이는 일 자체가 큰 스트레스인 데다 원고 쪽의 준비서면이 사실상 협박문에 가까운 경우까지 있다."고 말했다. …… 중앙지법의 한 판사는 "상급심에서 하급심과 다른 판단을 했을 때 하급심 재판장이 위법한 행위를 저지른 것인가에 대한 논의도 있는 것은 사실이지만, 판결에 불만이 있다고 법이 정한 불복 절차를 따르지 않고 법관에게 소송을 거는 것은 문제가 있다."면서 "대법관을 상대로 한 소송도 매해 여러 건 들어온다는데, 사법부에 대한 불신이 이 정도로 심한가 하는 자괴감마저 든다."고 씁쓸해 했다.

나는 대법관에게 소송을 건 사람과 이야기를 나눠 본 적이 있다. 이유는 무엇이었을까. 〈민사소송법〉 제199조(종국판결 선고 기간)에는 "판결은 소가 제기된 날부터 5월 이내에 선고한다. 다만, 항소심 및 상고심에서는 기록을 받은 날부터 5월 이내에 선고한다."라고 나와 있다.

물론 법관들의 관점에서는 이 조항을 보통 사람들이 생각하는 것과는 달리 훈시규정으로 받아들일 것이다. 그러나 내가 만나 본 시민은 1심과 2심에서 승소한 판결이 대법원에서는 1년 넘게 계류하고 있는 원인을 상대편이 대법관 출신 변호사를 선임한 데서 찾고 있었다. 그래서 그는 대법관을 상대로 손해배상을 청구하는 소송이라도 하면 부담감을 느껴 사건을 빨리 처리해 주지 않을까 하는 희망을 갖고 있었다. 이는 하루하루 피가 말리는 현실에서 택한 자구책이었다.

122

재판 기록하기

재판을 흔히 공개재판이라고 하나, 보통 사람에게는 몇 가지 이유에서 비공개재판이나 다를 것이 없다. 공개재판이라면 누군가 방청석에 앉아서 재판을 봐줘야 의미가 있다. 하지만 보통 사람들이 재판에 참석하기 위해서는 생업을 하루쯤 접어야 하는데 이는 쉬운 일이 아니다. 서울 북아현동에 사는 김기자 씨는 재판 계모임을 알기 전에는 아들 친구들을 일당을 줘가며 재판에 데리고 다녔다고 했다.

우리나라 법률에는 법정 녹음 강제 조항이 없어 재판에서 오고 간 말을 기록으로 남기지 않는 한 재판은 실질적으로 비공개라 할 수 있다. 물론 〈민사소송법〉 제159조(변론의 속기와 녹음) 제1항에 녹음할 수 있는 근거가 있다.

> 법원은 필요하다고 인정하는 경우에는 변론의 전부 또는 일부를 녹음하거나, 속기자로 하여금 받아 적도록 명할 수 있으며, 당사자가 녹음 또는 속기를 신청하면 특별한 사유가 없는 한 이를 명하여야 한다.

보통 사람은 이 법을 소송당사자가 속기와 녹음을 요청하면 재판장은 들어 줘야 하는 것으로 해석한다. 하지만 현실은 그렇지 않다. 재판장의 재량권으로 해석하면서 신청을 기각하는 판사들이 있는 것이다. 장면 하나를 소개해 본다.

한 원고가 〈민사소송법〉 제159조 제2항 "제1항의 녹음테이프와 속기록은 조서 일부로 삼는다."를 들며, 변론 조서 일부인 녹음테이

프로 교부해 달라고 했다. 그러나 재판장은 민사소송규칙 제34조(녹음테이프·속기록의 보관) 제2항을 들었다.

당사자나 이해관계를 소명한 제3자는 법원 사무관 등에게 제1항의 녹음테이프를 재생하여 들려줄 것을 신청할 수 있다.

그리고 〈민사소송법〉 제162조(소송기록의 열람과 증명서의 교부청구) 제1항을 소개했다.

당사자나 이해관계를 소명한 제3자는 대법원 규칙이 정하는 바에 따라, 소송기록의 열람·복사, 재판서·조서의 정본·등본·초본의 교부 또는 소송에 관한 사항의 증명서 교부를 법원 사무관 등에게 신청할 수 있다.

재판장은 이런 법 조항을 원고에게 나열하면서 녹음테이프 자체를 교부하는 것은 법률이나 대법원 규칙에 규정되어 있지 않다고 해석했다. 그리고 녹음테이프 교부를 허가하지 않았다. 이처럼 개인이 법조문을 대면, 재판장은 더욱 풍부한 법적 지식을 활용해 은근슬쩍 넘어갈 수 있다.

그렇다면 속기와 녹음 신청이 보편화되기 어려운 이유가 뭘까. 사람들은 녹음이 재판장에게 불편하기 때문이라고 여긴다. 재판 과정이 기록으로 남으면서 부당한 재판을 했다는 증거가 될 수 있기 때문에 재판장들이 녹음 신청을 거부한다는 지적이다. 아울러 변호사가 싫어하기 때문이라는 이야기도 나온다. 법정 녹음을 의무화하면

나 홀로 소송을 진행하는 사람이 많아지면서 일거리가 줄어든다는 것이다.

하지만 변호사들은 녹음을 싫어한다기보다 무관심하다는 것이 사실에 가깝다. 최재천 변호사는 변호사들이 법정 내 녹음을 신청할 필요성을 느끼지 못한다고 지적한다.

> 수백 쪽 논문에서도 핵심은 10쪽에 불과한 것처럼 정작 법률가들이 의미 있게 생각하는 핵심 부분은 그리 많지 않다. 그리고 재판에서 불필요한 증거를 빼고 불필요한 변론을 없애면 업무 보기가 편하다. 재판장 처지에서도 공판조서나 변론 조서가 짧아야 재판하기가 편하다.

최재천 변호사는 이런 시각을 '사법 편의주의'라고 했다. 진실을 밝히는 재판은 공정해야 하며, 녹음은 그 공정성을 담보하는 최소한의 장치라고 할 수 있다. 녹음을 거부한다는 것은 공정한 재판을 피한다는 신호로 받아들일 수 있다.

필자가 최재천 변호사에게 녹음 조항이 처한 현실을 말해 주자 그는 법전을 꺼내 헌법·법률·명령·조례·규칙 순서로 찾기 시작했다. 헌법 제109조는 "재판의 심리와 판결은 공개한다."라고 나와 있다. 최 변호사는 이 조항을 내세워 재판은 공개가 원칙이라고 했다.

그런데 대법원 규칙을 보면 '법정 방청 및 촬영에 관한 규칙' 제502호 제3조 '퇴정 명령' 등에 녹음 금지 조항이 들어 있다. 1973년부터 적용한 규칙이다. 최재천 변호사는 "위헌 법률은 헌법재판소로 가고 규칙에 대한 위헌 심사권은 대법원에 있다."라며 "이런 것은 소송을 해서라도 물고 늘어져 권리를 찾아야 한다."라고 말했다.

물론 사람들이 그동안 가만히 있었던 것은 아니다. "공정한 재판 위해 법정 녹음 의무화"라는 글씨가 적힌 노란 리본을 달고 재판 때 방청석에 앉아 있기도 했고, 국회 정문 앞에서 일인 시위를 하기도 했다. 노란 리본 달기 운동에 참여한 최 씨 아주머니에게 대법원 규칙에 위헌 소송을 하지 않은 이유를 물었다.

그런 조항이 있는지 알지도 못했고, 가르쳐 준 사람도 없었다. 내 사건을 맡긴 변호사에게 전화를 해도 바쁘다며 잘 만나 주지 않는 게 현실이다.

임정자 씨가 가입했던 법정 계모임에서는 동시다발로 사회 지도층에게 보내는 내용증명을 곧잘 활용했다. 내용증명에서 선호되는 수신자 명단들을 살펴보자.

1. 경기도 과천시 중앙동 과천정부청사 법무부 장관 이귀남 귀하
2. 서울시 종로구 세종로 1 대통령 이명박(1부속실장 김희중) 귀하
3. 서울시 종로구 수송동 85-1 (주)연합뉴스 대표 박정찬 귀하
4. 서울 중구 남대문로5가 6-1 (주)YTN 대표 배석규 귀하
5. 서울시 영등포구 여의도동 1 국회 사법제도개선특별위원회 주성영 귀하
6. 서울시 영등포구 여의도동 1 국회 의원회관 의원 박근혜 귀하
7. 서울시 종로구 평창동 290-11 비전빌딩 3층 희망제작소 박원순 귀하
8. 서울시 동대문구 이문동 270 한국외국어대 석좌교수 이문열 귀하

사람들은 이 수신자들을 강제 배심원, 강제 구경꾼이라고 표현했다. 재판장에게 누군가가 이 재판을 보고 있다는 신호를 보내는 것이다.

녹음 신청이 받아들여지지 않은 채 재판이 불공정하게 진행된다고 여겨진다면 재판 계모임의 도움을 받을 수도 있다. 한 재판장은 원고 신청을 받아들여 재판 녹음을 약속했는데 이를 나중에 뒤집었다. 이때 원고는 방청석을 향해 "전에 재판장님께서 녹음테이프를 교부해 주겠다고 말한 것을 들은 분들 모두 손들어 보십시오."라고 말했다. 그러자 증인을 자처하는 사람들이 모두 손을 들었다. 재판 계모임은 재판 뒤 다음과 같은 사실 확인서를 작성하는 데에도 유익하다.

사실 확인서

사건 번호 : 2009고단○○○○

피고인 : ○○○

담당 재판부 : 서울중앙지방법원 형사○○단독 ○○○ 판사

1. 오늘 법정에서 증거 조사 신청을 하였으나 무조건 증거 조사를 하지 않는다고 함.

2. 검찰 증인 △△△에 대해 출두 요구서를 발송한 적도 없이 사실 조회로 대신한다고 함.

3. 피고인 ○○○는 검찰 증인 △△△을 꼭 증인으로 불러 달라고 수차 법정 진술했으나 여태껏 보류한다고 하더니 오늘은 증인으로 부르지 않는

다고 단호히 거절함.

일일이 쓰기가 번거로우면 아예 '재판 방청 확인서'라는 양식을 만들어 사용한다. 재판 방청 확인서의 맨 윗줄에는 사건 번호와 담당 재판부를 적는다. 그리고 "본 사건에 대하여 방청한 본인은 아래 각호 사항에 관하여 재판장의 재판 진행 및 언행에 대하여 보고 듣고 느낀 그대로 재판부에 제출합니다."라는 문구 아래에 내용을 채울 공간이 마련돼 있다. 이런 사실 확인서를 모아서 증거로 삼아 소송 당사자는 재판부를 기피 신청하기도 한다.

임정자 씨는 녹음·녹취가 제대로 안 될 경우 어떻게 대응했는가? 임 씨는 재심(항소심) 2회 변론 기일이 끝나고 공판조서를 열람한 적이 있었다. 당시 속기록 형태로 정리한 2회 공판조서에는 박준구 재판장이 1993년 형사재판을 가리키면서 했던 "내가 그 당시 재판장이었다면 그때 무죄판결을 했었을 것입니다."라는 말이 빠졌다. 아울러 "피고인이 본 재판장과 재판부에 대해 기피 신청하셔도 됩니다."라는 말도 없었다. 그뿐 아니라 "제가 3천만 원을 사기를 안 쳤다면", "이렇게 무죄인 사람을 죄명으로 해서 자꾸만 끌고 가면", "재심은 없어진 것이 아닙니까?"라는 임정자 씨가 하지 않았던 말이 적혀 있었다.

공판조서가 허위 기재된 것을 알자 임정자 씨는 재판장을 직권남용 권리 행사 방해, 변호인을 직무유기, 사무관을 허위 공문서 작성, 허위 작성 공문서 행사, 직무유기 등으로 고소했다. 고소장은 대전지방검찰청에 2007년 3월 7일 수리됐다. 임정자 씨는 고소장에서 법정에 녹음되어 있는 증거자료가 있을 것이니 압수해 확인해 달라고 했다.

대전지방검찰청은 고소인이 일방적으로 제기하는 주장 말고는 피의사실을 인정할 증거가 없다며 6월 26일 무혐의로 처분했다. 박준구 판사는 당시에 기피 신청과 관련된 말을 했던 것 같기는 하지만 기피 신청은 고소인이 재판부에 신청서를 제출하면 될 뿐이고, 그 밖의 내용도 단순히 의견 표명에 불과해 공판조서에 기재해야 하는 것은 아니라고 했다.

직무유기로 고소한 국선변호인은 직무유기죄는 공무원이어야 하는데, 국선변호인은 공무원에 해당하지 않는다고 했다. 공판조서를 담당한 사무관은 재판이 끝나고 조서가 작성되며 다른 재판의 조서 작성을 위해 위 재판에 사용한 녹음테이프를 다시 사용하기 때문에 현재로서는 모두 지워져서 밝힐 수가 없다고 했다.

고소가 6월 19일 기각되자 임정자 씨는 대전고등검찰청에 다시 항고했다. 2007년 11월 21일 항고가 기각되자 임 씨는 다시 재정신청까지 들어갔다. 대전고등법원 제1형사부는 "피의자 박준구가 권한을 남용했다고 할 수 없다."라며 2008년 1월 4일 기각결정을 했다. 하지만 임 씨는 포기하지 않았다. '재정신청 기각결정에 대한 재항고'까지 대응했다. 대전고등법원 제1형사부는 2008년 2월 18일 이 사건 재항고에 대해서도 기각결정을 내린다.

임정자 씨가 이처럼 이들을 물고 늘어진 이유는 뭘까. 임 씨는 공판조서라는 게 사무관 혼자 작성하는 것이 아니라 재판장이 조서를 읽고 나서 서명날인을 하는 문서라는 것을 잘 알고 있었다. 법원 공무원과 판사들이 실무를 하는 기준이 되는 책이 바로 『법원 실무제요』다. '조서 작성권'을 다룬 내용 가운데 일부를 보자.

> 조서 작성권은 공증 기관으로서 실제로 기일에 참여한 법원 사무관 등의 고유한 권한에 속하므로 …… 재판장은 조서의 기재 내용이 그가 인식한 것과 다르다고 하여 법원 사무관 등이 작성한 조서를 스스로 정정·삭제 또는 가필할 수 없다. …… 그러나 재판장은 비록 조서 작성권을 가지고 있지 않지만 …… 조서의 기재 내용이 재판장의 인식 내용과 다르다고 생각되는 경우에 재판장은 위 권한에 기하여 그 기재 내용의 변경을 명할 수 있다 할 것이다. …… 변경 명령이 상당하지 않다고 생각되면, 위와 같이 적어 넣은 후 다시 그 법원 사무관 등은 자신의 의견을 적은 다음 작성 연월일을 적고 기명날인할 것이다.

이 내용에 나와 있듯이 조서 작성권은 법원 사무관에게 있다. 재판장이 마지막에 도장을 찍는 것은 마지막 점검 차원이라고 보면 된다. 그동안 수많은 민사·형사재판에서 사무관과 재판장 사이에 의견이 달랐던 경우는 많았을 것이다. 하지만 사무관이 자신의 의견을 조서에 적었던 경우는 없었다. 이것은 무엇을 의미하는가.

법원에는 직장 협의회를 거쳐서 2006년 법원공무원노조가 생겼다. 예전에는 업무와 관련해서 법관이 명령하면 공무원이 그대로 따라야 했지만, 지금은 대법원이 법원 노조의 의견을 수렴하기도 한다. 하지만 정작 재판에서는 판사가 조서를 수정하는 것을 사무관이 당연시한다. 이런 의식은 사무관이 판사와 의견이 달랐을 때 법대로 권한을 행사하지 않는 바탕이 된다.

임정자 씨는 법원 공무원과 판사를 함께 고소하는 것이야말로 법조 문화에 큰 타격을 줄 수 있다고 보았다. 내부 관계망이 불편해지기 때문이다. 그 누구도 고소를 당했을 때 기분 좋은 사람은 없으며 형식적으로라도 검찰 조사를 받아야 하므로 신경이 쓰일 수밖에 없다. 법원 직원은 조서를 수정한 재판장에게 원망을 쏟아 내거나 다른 동료에게 하소연할 수 있다. 팔은 안으로 굽는 것처럼 법원 직원 동료는 그 재판장을 향해 수군거릴 수도 있다. 실제로 2년 후 만난 재판장은 그때 일을 이렇게 회상했다.

> 그런 식으로 하면 판사들 일 못하죠. 우리 사무관을 허위로 공문서 작성했다고 해서 고소하면, 물론 나중에 다 무혐의 처분받았지만, 그런 식으로 하면 대한민국 공무원 중에 고소 안 당할 사람이 누가 있겠습니까.

박준구 재판장은 얼마 안 가 변호사로 전업했다. 임정자 씨는 다음 재판부 또한 재심사유를 주장하고 나올 것이지만 전 재판부에 대한 고소 기록을 접해 부담을 느끼리라 생각했다.

이제 다음 장에서, 그 후로 재심(2006노1242)에서 임정자 씨가 재심사유가 없다는 재판장과 어떻게 맞섰는지를 살펴보자. 임정자 씨는 이 시점에 법정 계모임에 가입했고 전국 각지에서 한두 명씩 임 씨 재판을 보러 오기 시작했다. 임 씨는 법정 녹음이 안 됐을 경우, 법정 계모임 회원들이 재판에서 오고 간 말에 대한 증인들이 되어 줄 것이라고 기대했다. 다음 장에는 이후 펼쳐진 재판 풍경과 임 씨가 보여 준 소송 기술을 설명해 본다.

8장

그녀의 싸움 4

—— 다시 발휘하는 그녀의 소송 기술

자유심증주의 무력화시키는 법

3회 기일이던 2007년 3월 9일. 전 재판장이 변호사로 전업해 새로운 재판부가 들어섰다. 임정자 씨는 방진호 판사에게 "피고인이라고 부르지 마세요. 난 지은 죄가 없어요!"라며 포문을 열었다. 재판장은 먼저 임정자 씨의 주장을 정리했다.

> **재판장** 기록을 자세히 읽어 봤는데, 피고인은 1심에서 일부 무죄가 났고 나머지 유죄로 인정된 부분도 무죄라는 취지지요.
>
> **피고인 (임정자)** 무죄라는 취지가 아니고 본래 무죄인데 무엇 때문에 판결문에 유죄로 남겨 놓았느냐 그것을 재판하는 겁니다. …… 사람을 유죄로 만들려면 검사가 증거를 법정에 내야 되고, 증거를 확인시켜야 되고, 증인을 불러서 그것을 입증시켜야 되는데, 나는 모든 증거를 다 냈거든요. …… 그런데 판사님들은 법을 어떻게 거꾸로 해석하고 계시는지 답변 좀 해주십

시오.

재판장 우리가 잘 검토해 보겠습니다. 변호사가 있으니까.

피고인 변호사 가지고 안 됩니다. 그러니까 1993년 8월 17일 공판조서에 공소기각 결정이 분명히 되어 있어요. 제가 증거 낸 거 있잖아요. 한번 보십시오.

재판장 재판부가 바뀌었습니다. 바뀌었고, 우리가 자세히 검토를 해보겠습니다. 국선변호인을 선임해 줄 테니까 법률 전문가와 잘 상의를 해서…….

피고인 내 죄[에 대한 변호]는 내가 하는 것이지 다른 사람이 해주는 것이 아닙니다. 아무것도 아니에요. 이 재판은 죄가 없는 사람을 왜 죄인으로 만들고 유죄 판결문을 남겨 놓느냐 지금도요. 제가 말씀드렸잖아요. 처음이니까 8월 17일 날 공소기각 결정 고지. 여기 보세요.

재판장 봤습니다.

피고인 보셨어요? 그러면 이 재판을 해주셔야지 왜 보시고서……. 변호인이 온다고 소용없어요.

재판장 지금 재판하고 있잖아요.

3차 공판조서에는 법정에서 벌어지는 구체적인 싸움 과정이 모두 적혀 있다. 임정자 씨는 싸우는 내용이 조서에 적혀 있지 않으면 자신이 지고 있다는 것을 의미한다고 했다. 재판장들은 소송당사자의 질문에 흔히 '검토하겠습니다', '알았습니다', '됐습니다'처럼 우물우물 넘어가는 방식을 택한다. 하지만 이것은 임정자 씨가 원하는 답변이 아니라고 했다. 판사가 "지금 재판하고 있잖아요."라며 바로 종결하지 않겠다는 말을 했다는 게 공판조서에 적혀야 한다는 것이다. 이래야 다음 재판부가 '재심사유'를 핑계로 재판을 바로 종결하기 어려워진다.

임정자 씨는 재판장에게 "이거 봤습니까?", "여기 보세요."라고 자꾸 물어본다. 이때 판사는 "기록을 봐서 다 알고 있어요."라고 말하지만 그것 또한 그녀가 원하는 답변이 아니라고 했다. 판사가 "봤습니다."라고 인정하는 부분이 공판조서에 올라가야 했다. "봤습니다."라고 조서에 적혀 있는데, 판결을 내릴 때 못 본 척한다면 그것이 명확한 심리 미진, 판단 유탈의 근거로 남기 때문이란다.

임정자 씨는 재심(항소심) 재판을 하겠다는 답변을 받으면서 재심(원심) 공판조서 중에 잘못 기재된 부분을 항소심에서 정정하는 작업을 병행했다. 재심(2002재고단2) 48회 공판조서에는 검사가 공소사실 요지를 말한 적도 없었는데 기재해 놓은 것이 있었다. 이런 일이 생기면 사람들은 재판부에 공판조서에 대한 이의신청을 한다. 또는 〈형사소송법〉 제141조(석명권)에 따라 석명 신청을 할 수 있다. 석명권은 "재판장은 소송관계를 명료하게 하기 위하여 검사, 피고인 또는 변호인에게 사실상과 법률상의 사항에 관하여 석명을 구하거나 입증을 촉구할 수 있다."라는 내용을 담고 있다. 임정자 씨는 3회 기일에서 "피고인 2005.11.29. 14 : 20 공판조서 중 검사가 공소장에 의하여 기소 요지를 신문한 사실이 없다."라고 이의 진술을 했고 이 부분을 공판조서에 적도록 요청했다.

임정자 씨는 이렇게 요청이 들어갈 때, 사람들은 판사가 "다 알았습니다."라는 한마디에 안도해 더는 주장하지 않는 경향이 있다고 했다. 하지만 주장이 일회성으로 그치면 판사가 나중에 다른 말을 할 수도 있다는 것을 염두에 둬야 한다고 말했다. 가장 중요한 것은 판사가 '자유심증주의'를 남용하지 못하게 '반박'하는 것이다. 임정자 씨는 〈형사소송법〉 제141조에 내용을 담아 재판 중에 '법정 접수'하면서 다시 이 부분을 구두로 이의신청하는 등 자신에게 유리한 주장을 공판조서에 '도배질'했다. 임정자 씨와 재판장 사이의 대화를 잠시 살펴보자.

피고인 (임정자) 지금 2005.11.29.자 14 : 30 공판조서 48회 보시면 마지막에 검사가 공소장에 의하여 기소 요지 진술을 피고인에게 했다고 되어 있는데, 그날 신문한 흔적도 없고, 저에게 기소장에 대해서 질문한 바가 없습니다. 그런데 어떻게 해서 기소 요지를 저에게 물었다고 진술했다고, 또 검사님이 "기소가 이렇지요"라고 말씀하신 바가 없고, 아무런 행사를 한 것이 없는데 기소 요지 진술하고 저에게 신문을 한 것처럼 이렇게 기록되어 있습니까. 이것은 허위 조작된 공판조서거든요. 그러니까 이것을 정정해 주시든지 아니면 제가 여기에 대해서 다른 절차를 밟겠습니다. 정정해 주시면 편하고요.

재판장 그런데 1심 공판조서는 항소심 공판조서가 아니므로 제가 마음대로 어떻게 손을 댈 수가 없습니다. 그래서 1심의 공판조서를 이의를 제기한 것으로 조서를 정리하겠습니다.

피고인 그리고 이것은 2006.11.9.자, 제가 석명 신청서를 법정에 제출한 것이 있거든요. 11.9.자 법정 접수 여기서 제13항에 있습니다. 그것은 저한테 묻지도 않은 기소 요지를 물은 것처럼 하고 제가 거기에 대해서 다 인정한 것처럼 진술되어 있거든요. 검찰이 지금까지 공소장에 대해 저에게 물어본 적은 단 한 번도 없습니다. 이 사건에서. 지금 바로 재심(항소심)에서도 처음에 공판조서를 보십시오. 검사가 저한테 공소장에 대해 어떤 문항이든지

한 가지 물은 적이 없습니다. 그러니까 다시 보시면 공소가 허위이고, 없는 죄를 판결문에 왜 해놓았나에 대해서 싸운 것인데, 검사가 한마디 없이 자꾸만 죄 있는 것으로 끌고 나가면서 법정에서 공판 기록을 허위로 작성하여 사람을 유죄로 만드는 것이거든요. 이것은 절대로 있을 수 없습니다.

재판장 지금 피고인이 주장하는 조서에 대한 문제는 피고인이 어떤 부분이 문제가 있다는 부분을 써서 우리 사무관한테 제출하면 우리가 조서에 대해 이의를 신청하는 것으로 우리 조서에 정리를 해놓겠습니다.

피고인 여기 조서 이의신청, 석명 신청서 제13항…… 읽어 볼게요. 48회 공판조서 2005.11.29. 14 : 30 김종석 판사, 이정섭 검사, 전정수 주사, 증인 김명숙 송달 불능. 이렇게 되어 가지고 판사가 판사의 경질이 있으므로 공판절차를 갱신하다. 김종석 판사, 검사 공소장에 의하여 기소 요지 진술, 피고인 증거 관계 별지와 같음. 피고인, 그리고 판사 속행한다. 가능한 소환 가능한 증인…….

재판장 됐습니다.

피고인 그러면 여기 있잖아요. 위 공판조서상의 검사가 공소장의 기소 요지를 진술하였다면 그에 대한 피고인에게 공소장에 대한 공소사실을 신문한 기록이 있어야 함에도 공판조서에 검사가 공소장을 가지고 공소사실을 피고인신문을 한 것처럼 위법을 저지른 것입니다.

재판장 앞으로 계속 그렇게 혼자 하실 건가요.

피고인 아니요, 그러면 '새로 써낼 필요가 없다'는 것을 말씀드리는 것인데 뭐 잘못했어요? 여기 제출해 놓은 게 있으니까요. 그것을 안 알려 주면 모르잖아요.

재판장 알아요. 우리도 봤어요. 다 봤고.

임정자 씨는 이처럼 공판조서에 자신의 주장을 도배해야 판사가 뒤에 가서 '못 느꼈다, 못 봤다'는 식의 말이 나오지 않게 된다고 했다. 3회 기일에 이렇게 포문을 열고 나서, 임정자 씨는 방진호 재판장에게 공소장 신문을 받고 싶다고 했다. 임 씨는 재판장이 검찰을 바라보며 "검사님, 피고인 공소장 신문을 하시겠습니까?"라고 물어볼 것이라 예상했다. 하지만 재판장은 "그것은 검사가 하고 싶으면 하는 것이고, 우리가 마음대로 하라 마라 할 수 있는 권한이 없습니다."라고 말했다. 임 씨 눈에는 이번 재판부도 재판을 해줄 성의가 없어 보였다고 했다. 하지만 임 씨는 방진호 판사를 전 재판부처럼 허위 공문서 작성 등의 이유로 고소하지 않았다.

방진호 판사가 먼저 '재판부 고소 및 불신'을 이유로 임정자 씨를 회피하는 '재배당 신청'을 제출했기 때문이다. 공판조서 담당 사무관은 임 씨가 고소했던 인물과 같은 사람이었는데 3회 기일이 끝나고 공판조서를 열람해 보니 이번에는 재판에 있던 내용 그대로 모두 적혀 있었다. 모든 것이 임 씨가 고소한 영향 때문인 듯 보였다. 재판은 바로 추정이 되었다. 재판 추정은 피고인 방어권에 도움이 된다.

재판의 주인공이 되는 법

4회 기일, 2007년 9월 20일 오후 5시 30분 세 번째 재판부가 입장했다. 재판장은 임태진 판사였다. 임정자 씨는 거주지가 서울이라 재판을 서울로 이송해 달라고 요청했다. 재판장은 온화한 표정을 지으며, "괜찮으시다면 저희가 이 재판을 맡아 보고 싶다."라고 제의한 후, 이송 신청을 취하하게 했다. 그리고 임정자 씨가 원하는 몇 가지를 수용했다. 우선 임 씨에게 국선변호인을 강요하지 않았다. 임 씨는 이미 전 재판부가 추천하는 국선변호인을 만나 상담했는데 "무죄를 주장하신다면 맡지 않겠다."라는 답변을 들었다. 임태진 재판장은 임 씨가 전 재판부에 원했던 공소장 신문을 받게 했다. 검찰 신문 중간에 재판장이 끼어들어 임 씨에게 묻는다.

재판장 채형석에게 2천5백만 원을 빌려 줬었다는 것인가요?
피고인 (임정자) 예.
재판장 고소한 것은 맞으나 그 내용이 모두 사실이라는 주장인가요?
피고인 예.

임정자 씨는 '예'라는 답변을 아주 신중하게 한다. 재판장 질문에는 오묘한 덫이 있다고 했다. 아무 질문이나 "예"라고 답하면 안 된다. 재판장이 "변론 마쳤나요?"라고 무심코 물을 때 "예"라고 답하면 바로 변론 종결로 이어질 수 있다는 것이다. 임정자 씨는 자신에게 1백 퍼센트 유리한 질문에만 "예"라고 말한다고 했다. 다른 질문은 자신이 내세운 주장과 진술로 채웠다. 재판장이 임 씨에게 물었다.

재판장 2천5백만 원을 빌려줄 때 변제기와 이자를 정했었나요?
피고인 그날 제가 경매를 당하게 된 입장이 되니까, 돈이 하나도 없으면 이 집값이 뚝 내려가니까…… 일단 최저 금액 2천5백만 원은 가지고 있어라……. 2천5백만 원을 자기한테 빌려 주면 뚝 떨어지는 것을 막는다면서 가지고 있어 본다고 했습니다.

임태진 판사는 공소장 신문이 끝나자 검찰에게 검찰 증인을 부르라고 했다. 검찰이 증인을 신청하지 않겠다고 하자 임태진 판사는 "검찰 측 증인을 판사 직권으로 불러내겠습니다."라며 김명숙·조은숙·정진우 등 다섯 명을 차례로 호명했다. 모두 채형석을 위해 당시 경찰과 검찰에서 진술서를 작성한 사람들이었다.

양석원 수사 검사도 필요하다면 부르고…….

재판장은 '증거 조사'란에 양석원 씨 이름을 적고 옆에 '당시 수사 검사'라고 적어 놨다. 임정자 씨는 재판부의 태도가 이전 재판부와는 달라졌음에도 경계를 풀지 않았다. 임태진 재판장은 임 씨가 원하는 증거 조사를 모두 받아 주었다. 특히 양석원 전 수사 검사에 대한 증인 채택에도 전향적인 입장 변화가 있었다. 하지만 임정자 씨는 이를 어떻게 해석해야 할지 고민이었다고 했다. 특히 이송 신청을 왜 취하하라고 했는지가 궁금했다. 임 씨 머릿속이 여러 생각으로 가득 차있던 와중에도 임태진 판사는 계속 재판을 진행했다. 그가 호명한 증인들에 대해서 재판장 자신은 증인들의 주소를 알 수 없다면서 공판 검사를 향해 협조하라고 부탁했다. 그러나 검찰 답변은 잘 모르겠다는 것이었다. 재판장은 피고인을 쳐다보며, 혹시 증인 주소를 보정해 줄 수 있는지를 물었다. 임정자 씨는 주소를 모른다고 답했다. 임 씨는 난처한 표정으로 공소사실 입증책임이 검사에게 있는데 왜 피고인에게 묻느냐며 따졌다. 재판장은 깊이 숨을 내쉬더니 다시 검사에게 증인 주소를 바로잡으라는 지시를 내렸다.

임정자 씨는 '피고인의 유죄 입증은 검찰 책임'이라는 원칙을 환기한 이 작업을 '검사에게 일거리 주기'라고 불렀다. 임정자 씨에게는 검찰 증인을 고소해 확정판결을 만들기 위한 시간이 필요하며, 그런 시간을 만들려면 검사에게 일거리를 줘야 한다는 것이다. 며칠 후, 검찰은 증인 김명숙의 주민등록번호를 조회해 증인 주소를 바로잡은 회신 문서를 법원에 제출했다. 재판장은 다음 기일을 잡고자 법정 벽에 있는 달력을 바라봤다. 그때 임정자 씨가 법정 진술을 요청했다. 임 씨는 진술서를 들고 국어책 읽듯이 큰소리로 읽기 시작했다.

법관님들은 억울함을 호소하는 사람들의 말에 귀를 기울여 주셔야 합니다. 검사님은 정말 잘못해서 너무 사람을 억울하게 만듭니다. 그래서 재판장님이 정말로 잘못된 것이 보이면 수정해 주고 결정해서 이 재판이 바른 길로 가도록 해야지, 제가 피를 토하고 죽고 싶다고 하지만 피를 토해서 죽으면 양석원 검사가 얼마나 좋아할 것인가…… 그래서 저는 절대로 안 죽습니다. 요점을 말씀드리면……

임정자 씨는 법정 진술서를 미리 서면으로 제출하지 않았다. 재판장이 다 읽어 봐서 안다며 말을 막을 수도 있기 때문이란다. 이처럼 재판에서 밀고 나가야 발언을 막기 어렵다고 했다. 낭독을 마친 임 씨는 법정 진술서를 들고 법대에 다가갔다. 피고인이 재판장에게 진술서를 제출하는 장면을 본 실무관은 당황했다. 하지만 임태진 재판장은 임 씨를 나무라지 않고 온화한 표정으로 진술서를 받았다.

임 씨가 이처럼 돌출 행동을 한 이유는 재판장이 자신을 어떻게 생각하는지 알아보기 위해서였다. 웃으면서 넘길 수 있는 행동을 두고 '법정 감치' 운운했다면 재판장을 다시 생각했을 것이라고 했다.

이처럼 재판장은 임 씨를 호의적으로 대했지만, 임 씨는 사법부를 여전히 불신하는 듯했다. 임태진 재판장도 임정자 씨가 사법부에 대한 불신을 드러낼 때마다 못마땅한 표정을 내비치기 시작했다. 임정자 씨의 법정 진술은 재판장을 탐색하는 것과 더불어 심리해야 할 내용을 풍부하게 만들려는 의도도 있었다. 임 씨는 재판장이 판사 직권으로 검찰 증인을 불러내면서 사실심리 내용을 만들어 준 것에 만족하지 않았다. 임 씨는 법정 진술을 통해 앞으로 재판부가 처리하길 바라는 심리 사항을 잔뜩 담았다. 임 씨는 이것을 '재판부에 숙제 주기'라고 표현했다. 법정 진술의 내용 일부를 살펴보자.

그리고 제가 오늘 낸 것을 보면 알아보기 쉽게 되어 있습니다. 9.20. 대전지방법원 318호 법정에서 피고인 법정 진술과 탄핵 증거 제출을 하겠습니다. '공판 심리 미진의 탄핵 증거 제출' 이것은 그 이전에 공판 심리가 안 됐다는 것을 제가 알려서 재판장님께서 이 사건을 맡으신다면 이것을 해줘야 된다는 것을 적은 것입니다. …… 앞으로의 법정에서는 이를 증거 조사하여 심리를 다하여 주시기를 요구합니다.

임정자 씨는 이처럼 자신이 주도하는 재판을 생각했다. 임 씨에게

심리 내용이 마르지 않도록 채워 나가는 최상의 기회는 증인신문이
라고 했다.

판사에게 신뢰를 얻는 법

5회 기일인 2007년 11월 1일. 방
청석에도 서울에서 동행한 사람들로 북적였다. 조은숙이 증인석에
앉았다. 조 씨는 1993년 채형석 씨 사무실에서 여직원으로 근무한
적이 있었다. 채형석 씨가 임정자 씨를 사기와 무고로 고소했을 때
검찰에 출두해 이를 뒷받침하는 진술을 했다. 진술 요지는 이랬다.

임정자가 채형석에게 가져온 2천5백만 원이 경매 보증금으로 턱없이 부족
하여 채형석이 1천1백만 원을 보태 줄 때 그 광경을 목격했고, 자신이 8백
만 원권 한 장을 자기앞수표로 찾아서 채형석 씨에게 빌려 줬다.

게다가 조은숙 씨는 당시 정진우·채형석 씨와 함께 법원까지 따
라갔고 그곳에서 임정자 씨를 보았다고 진술했다. 피고인 쪽 증인신
문은 오후 5시 무렵 시작됐다.

1993년 7월 1일 93고단1324호 추가 구속해 유죄판결을 한 병합 사건의 양
석원 검사 작성의 3책 1권 1993년 7월 1일 조은숙 진술 조서 18쪽 하단 6열
을 제기하고……

임정자 씨는 이렇게 증거를 제시하고 나서 조은숙 씨에게 질문했다.

피고인 (임정자) 증인은 부동산 경매 정보지 사무실의 손님인 임정자와 채형석의 돈 거래 관계에 대하여 진술하기 위해 양석원 검사에게 참고인 진술하였지요?

증인 (조은숙) 네.

피고인 양석원 검사 작성의 3책 1권 채형석의 1993년 6월 18일 검찰 진술 조서를 제기하고, 9쪽 하단에⋯⋯

증인신문을 할 때 증거를 제시한 뒤 질문을 하는 것은 다른 사람들이 하는 일반적인 방법이었다. 다만 차이가 있다면 몇 쪽, 몇 열을 제시할 때 임 씨는 서류를 보지 않고 말할 수 있다는 점이었다. 그리고 임 씨는 말할 때마다 재판장에게 제시한 부분을 지금 찾아보라고 요청했고 재판장은 임 씨가 말한 곳을 찾으려고 페이지를 넘겼다. 임 씨는 이런 행위를 '재판장에게 사건 공부를 시킨다'고 표현했다. 임정자 씨는 사건을 깊이 연구하려는 마음은 판사마다 각기 다르다고 했다.

한 변호사는 과거 판사 경험을 떠올리며, 후배 판사에게 사건 기각 이유를 물었을 때 '그냥'이라고 답할 때만큼 화나는 경우가 없다고 했다. 이처럼 관례로 사건을 처리하는 판사도 있지만, 인권을 보호하고 민주주의에 부합하도록 노력하는 법관도 있다. 이를 사법 적극주의라고 부른다.

사법 적극주의의 어려움은 무엇인가. 이종광 판사는 과거 '친일파 후손 땅 찾기 소 각하' 판결을 예로 설명했다. 당시 열린우리당 최용규 의원이 대표 발의한 '친일 재산 환수 법안'은 해방 이후에 그 땅의 매매를 모두 무효화하겠다는 내용을 담고 있었다. 앞으로도 이후로도 모두 무효라는 의미였다.

이종광 판사는 현실을 변화시키기 어렵게 하는 것으로, 옳은 것을 유지할 수 있는 논리적인 장치에 대한 연구가 부족하다는 점을 들었다. 우리가 옳은 것, 정의의 상태를 만들려고 할 때 다른 규범들과 조화되도록 해야 하는데, 그것 하나만 옳다고 해서 다른 일반 원칙을 깨면 안 된다는 것이다.

이종광 판사는 판결문을 쓸 때 사회질서가 붕괴되지 않도록 무효를 어느 단계에서 끊어야 하는가가 가장 큰 고민이었다고 했다. 이 판사는 친일파의 후손으로부터 땅을 산 사람은 보호해 주는 대신 국가는 친일파 후손을 상대로 땅값 반환 소송을 하는 방법으로 문제를 풀었다.

그렇다면 이와는 달리 재판 중인 사건에 적용하는 법률(조항)이 헌법에 위배된다는 의심이 있을 때 법관은 무엇을 할 수 있을까. 이때는 헌법재판소에 위헌 법률 심판 제청을 할 수 있다. 예컨대 〈형법〉의 간통죄와 〈민법〉의 동성동본 금혼 조항, 호주 제도는 관련 사건 재판을 담당하던 판사가 헌법재판소에 위헌 제청을 했던 경우이다. 2008년에는 서울중앙지방법원 박재영 판사가 촛불 사건을 맡았을 때 야간 집회 불허 조항에 대해 위헌 법률 심판 제청을 했던 사례가 있다.

이 밖에도 공권력 행사로 기본권을 침해받은 사람이 권리를 구제

받고자 청구하는 제도로 헌법 소원이 있다. 제대군인 가산점 사건과 재외 국민 참정권 사건이 헌법 소원으로 기본권을 구제받은 경우다. 김정진 변호사는 이런 헌법 소원을 통해 법의 불합리함에 문제를 제기해 2009년 헌법재판소 모범 국선대리인으로 선정되었다.

김 변호사가 위헌 결정을 받아 낸 〈형법〉 제57조(판결 선고 전 구금 일수의 통산) 제1항은 "판결 선고 전의 구금일 수는 그 전부 또는 일부를 유기징역, 유기금고, 벌금이나 과료에 관한 유치 또는 구류에 산입한다."라는 내용을 담고 있다. 김정진 변호사는 형사사건에서 피고인이 최종적으로 징역형이 선고될 때까지 구금된 기간을 형에 산입하는 데 전부 또는 일부를 산입할 수 있는 재량을 법관에게 부여했던 관행에 문제를 제기한 것이다.

김 변호사는 나중에 헌법재판소장에게 그동안 민원이 많이 제기된 조항인데도 한 번도 헌법 소원이라는 형태로 이의 제기된 바가 없었다는 이야기를 들었다고 했다. 그 이유는 무엇일까. 먼저 법률가들은 교도소에서 열흘을 더 사는 게 얼마나 괴로운 일인지 모른다. 또한 김정진 변호사는 위헌 법률 심판 제청에 필요한 국내 문헌이나 외국 사례 등에 대한 연구가 거의 없었다고 했다. 학계 연구가 뒷받침돼야 하는 대목이다.

여기서 다시 구조의 문제가 제기된다. 가령 힘 있는 집단은 재벌 상속과 관련해 문제에 부딪히면 연구 기관에 용역을 맡긴다. 반면에 건당 30만 원을 받는 국선변호인이, 사건에서 불합리한 점을 느꼈다고 해서 위헌 법률 심판 제청에 따르는 번거로움을 감당할 이유가 없다. 이런 현실에서 경제적 여력이 없는 보통 사람은 오직 재판장만 쳐다볼 수밖에 없다.

2008년 12월 31일 기준으로 법원에는 다양한 개성을 지닌 판사가 2,293명이 있다. 법원은 서로 지시를 받는 조직이 아니라 판사 한 명한 명이 결정을 내리고 책임을 지는 사법기관이다. 판사들은 같은 사안을 놓고도 서로 다른 판결을 내릴 수 있다. 긍정적으로 보자면 다양한 판결이 나와서 좋겠지만, 뒤집어 보면 표준화된 판결 기준이 없다는 말도 된다. 따라서 누구라도 법정에서는 가장 좋은 판사만 만나고 싶을 것이다.

임정자 씨는 판사가 가장 적극적이 되도록 하려면 판사에게 사건의 내막을 숙지하게 하는 작업이 필요하다고 생각한다. 그렇게 되면 재판장이 궁금해서라도 증거신청을 적극적으로 한다는 것이다. 물론 재판장을 적극적인 상태로 만들기 위해 임정자 씨와는 다른 방법으로 접근하는 사람도 있다. 서울 강북구에 사는 노재섭 씨의 예를 보자.

그가 손해배상을 청구한 민사소송 사건에서 쟁점은 피고가 팔아 넘긴 물건의 개수였다. 원고로 나선 노 모 씨는 평소와는 다르게 부정확한 발음으로 말을 이어 나갔다. 잔뜩 쌓인 물건을 보여 주는 사진을 들고는 "판사님 봐 봐요. 하나, 둘, 세……"라며 백까지 세려고 할 태세를 취하자 판사가 황급히 그를 막았다. 그는 왜 바보짓을 택했을까. 재판부로 하여금 바보에 가까울 정도로 순진한 사람을 속인 상대측이 괘씸하게 보이도록 하는 것이다.

이런 대비 효과 때문인지는 모르나 재판장은 아주 적극적으로 나왔다. 직접 증거를 들고 피고에게 "이거 내가 직접 가서 발부받아 왔어요. 이거 맞아요. 틀려요?"라고 질문했다. 피고가 "맞는 것 같기도 하고……."라고 말꼬리를 흐리자, 재판장이 "이거 몰라요? 본인 도장 찍고 모른다니 말이 돼요?"라며 호통을 쳤다. 이처럼 노재섭 씨는 법에 정통하지 않는 이상은 바보가 되는 게 차라리 낫다고 했다. 법을 아는 척해 봐야 제대로 해주지 않는 현실을 경험하면서 수십 년간 끊었던 담배를 다시 피우게 됐다고 했다.

임정자 씨가 판사에게 기록을 찾아보라고 요청하는 이유는 기존 통념을 바꾸기 위한 것이기도 했다. 임 씨가 살면서 가장 많이 들었던 질문은 검사가 죄 없는 사람을 구속할 수 있느냐는 것이었다. 같은 맥락으로 재판장이 사건에 대해 공소사실 그대로 알고 있는 경우가 많다고 했다.

검찰이 피고인을 공소장 신문하던 중에 임태진 재판장 또한 계속 임 씨에게 "채형석에게 빌려 간 게 아니란 거예요?"라고 물었다. 임 씨가 그렇지 않다고 정정하자 재판장은 "그렇게 말해 줘야 알지 저희는 모른다."라며 "자세히 말해 줘서 고맙다."라고 말했다. 피고인 무죄 추정의 원칙(〈형사소송법〉 제275조의2)이 사실상 얼마나 어려운 것인가.

임정자 씨는 재판부의 신뢰를 얻고자 1993년부터 문서 정리에 온갖 정성을 들였다. 공판조서를 비롯한 법원 서류들을 보관할 때도 법원 보관용처럼 1책, 2책, 3책이라고 제목을 붙였다. 각각 서류 크기가 다른 것은 재판부에 있는 것과 같은 양식으로 만들었기 때문이다. 제목을 붙이거나, 끈을 사용하는 것도 법원 양식과 같았다. 법원과 같은 양식을 사용하고 같은 용어를 구사하는 것이 재판부의 신뢰를 얻는 시작이라고 했다.

판사들이 서민의 언어로 내려와 주면 좋겠지만, 아쉬운 사람이 판사의 눈높이로 맞추어 올라가야 한다고 했다. 또한 신문이나 법정 진술을 하면서 정확하게 쪽과 열을 대면서 재판장에게 찾아보라고 요청하면 재판장도 처음에는 찾아보는가 싶지만 뒤에 가서는 임 씨의 말을 믿는 듯 나중에 찾아보겠다고 했다.

당일 오후 5시부터 밤 10시 30분까지 진행된 조은숙 씨에 대한 증인신문은 40여 장 되는 두꺼운 조서로 나왔다. 임태진 재판장의 도움이 없었다면 불가능했을 일이었다. 임정자 씨는 신문 도중에 몇몇 증인신문 사항은 그냥 건너뛰기도 했는데 그때마다 재판장은 건너뛰지 말고 필요하면 물으라면서 편안하게 증인신문을 할 수 있게 도왔다. 밤 10시가 넘도록 함께 방청석에서 지켜본 사람들은 퇴정하는 재판장에게 손뼉을 쳐줬다.

임정자 씨는 변론 종결을 당하지 않으려면 임 씨에게 주어진 기회인 증인신문을 멋지게 해내야 한다고 했다. 임 씨 주도로 심리 내용을 채울 수 있는 기회이기 때문이다. 공판 내용은 증인신문을 통해서 어떻게 더욱 풍부해지는가. 임정자 씨는 증인신문 사항을 만들 때 증인신문이 다른 증인을 부르는 데 자연스러운 연결 고리가 될 수 있도록 연구한다. 즉 임 씨가 증인신문을 하는 동안 판사 머리에서는 어떤 사람을 불러야겠다는 판단이 서게끔 해야 한다는 것이다.

임 씨는 증인신문 도중에 "그날 그곳에 함께 있었던 사람이 누구누구였는지 생각나는 대로 말해 보세요."와 같은 질문을 던진다. 증인은 임 씨가 이 질문을 통해 얻으려는 내용을 알기 어렵다. 따라서

"잘 기억은 안 나는데, 몇 명이 있었다."라고 사실대로 말할 가능성이 크다. 이런 확인 단계를 거치고 나서 다른 질문을 하다가 한참 후에 자신이 증인으로 부르고 싶은 명단을 증인신문 사항에 도배한다. 증인은 이미 앞에서 현장에 "몇 명이 있었다."라고 말했기 때문에 이후로는 명단을 부인할 수 없다. 임정자 씨가 증인신문에 이렇게 사람들 이름을 도배하기 시작하면 판사가 오히려 그 사람을 불러내서 묻고 싶어진다고 했다. 그래서 임정자 씨 증인신문 사항에는 다음과 같이 사람 이름이 그토록 많았던 것이다.

> 그때 채형석과 공모해 허위 진술했던 을호증 3에 기재된 서증목록에 있는 본 사건의 채형석의 최고서, 피의자 채형석의 92.6.2. 진술 조서, 박경동의 6.2. 진술 조서, 지명자의 6.12. 진술 조서, 정진우의 6.12. 진술 조서, 조은숙의 6.12. 진술 조서, 이종태의 9.24. 진술 조서, 안용길의 9.24. 진술 조서, 김명숙의 9.24. 진술 조서 등의 채형석의 공모자들이 판결문에 믿지 않는 증거로 채형석이 패소했던 92가단9293, 15892호이었기 때문에 현재 본 사건의 93고단1324호에 검찰 증거로 모두 실질적인 증거능력이 93.8.10. 모두 소멸된 것이 16년 되었지요?

물론 임정자 씨가 하는 질문들에 대해서 증인이 "모른다", "잘 기억이 안 난다"고 말할 수도 있다. 그러나 임 씨는 판사는 증인이 부인할수록 더 추궁하고 싶어 한다고 했다.

12월 26일 오후 5시. 7차 기일 재판에서는 또 다른 방법으로 연결고리가 만들어졌다. 이날은 증인으로 정은옥 씨가 나왔다. 정 씨는

1993년 사건 당시 청약 통장 명의자 이종태 씨의 부인이었다. 임정자 씨는 이종태 씨에 대해, 분양 계약서 2통에 대해 포기 각서를 요구하는 채형석 씨를 도와 함께 자신을 협박했다고 주장하며 고소한 바 있다.

임정자 씨는 증인으로 나온 정은옥 씨에게 전처럼 "3책 2권 1992년 6월 2일 채형석의 피의자 신문조서 36쪽 4열을 제시하고"라며 증거를 보여 주고 "1992년 4월 29일 16 : 00경 피고인 임정자가 증인의 양복점으로 음료수를 사서 갔었지요?"라고 질문한다.

임정자 씨가 계속 질문하자 증인은 자신은 오래된 일이라 기억이 안 나지만 '이일균'은 알 것이라고 했다. 새로운 인물이 등장한 것이다. 증인신문이 끝나자 임태진 재판장은 새롭게 등장한 이일균 씨를 증인으로 불러 보자고 했다. 이처럼 발뺌하는 증인은 또 다른 증인 채택으로 이어지게 됐다.

하지만 김명숙 씨와 정진우 씨는 계속 출석하지 않았다. 김명숙 씨가 법정에 순순히 출석하리라 생각해 본 적은 없었지만 이번에는 법원과 검찰 모두 나름 사정이 있었다.

정진우는 없는 사람으로 나왔습니다.

공판 검사는 곤란한 목소리로 말했다. 1993년 정진우 씨가 경찰에 진술한 조서에 적혀 있는 주민등록번호를 조회해 보니 계속해서 고형배 씨라는 엉뚱한 인물이 나온다는 것이다.

그렇다면 다음 재판 때까지 정진우에 대한 의견서를 제출해 주세요.

재판장은 검찰에게 명령을 내린 후 피고인을 향해서 부드럽게 말했다.

김명숙은 전화가 끊겨 있습니다.

임정자 씨도 법원 주사가 "김명숙에게 여러 차례 전화 통화를 시도했으나 전원이 꺼져 있음"이라는 내용으로 송달 보고를 올린 것을 알았다. 그러나 임 씨는 믿기 어렵다는 듯이 말했다.

피고인 (임정자) 그 사람 지금 부동산 하고 있는데…….
재판장 핸드폰도 꺼져 있어요.

재판장은 다시 부드럽게 설명했다.

피고인 아니, 그 사람 부동산 하고 있어요.

짧게, 모든 감정을 담아 다시 말했다. 재판장도 이번에는 화가 난 듯 "주거지에 아무도 없어요."라고 언성을 높이고는 "피고인이 사법부를 신뢰하지 않는데……."라며 불만을 나타냈다. 숨을 고르더니 다시 천천히 입을 열었다.

주소는 행방불명으로 돌아왔어요.

말소리는 나지막했지만 단호했다. 오늘 재판은 여기서 끝내려는 듯 법정 달력을 쳐다봤다. 재판장은 기일을 한 달 후로 잡고 퇴정했다. 부드럽게 시작된 재판이 얼음장처럼 차가운 분위기 속에서 끝난 것이다.

하지만 임정자 씨도 물러서지 않았다. 며칠 후 김명숙의 3개월간 통화 내역 사실 조회 촉탁 신청서를 법원에 제출한 것이다. 이유는 간단했다. 김명숙과 통화가 확인된 전화 통화 내역을 제출했기 때문이다. 이것은 임정자 씨 재판을 보러 전국 각지에서 왔던 계모임 회원들의 도움이 컸다. 사람들은 직업 속성상 부동산을 하는 사람은 돈이 되기 때문에 부업으로라도 그걸 평생 할 가능성이 크다는 말을 주고받았다. 통화 확인 방법은 아주 간단했다. 서울에서 임정자 씨와 법정 계모임 회원들을 태우고 왔던 남 모 씨가 자신의 핸드폰에 김명숙의 번호를 누르고는 음성 메시지를 남겼다.

아파트 하나 소개해 주세요.

바로 전화벨이 울렸다. 임정자 씨는 과거 경험 때문에 검찰을 쉽게 신뢰하지 않았다. 검찰은 정진우 씨를 찾아내지 못한 이유로 정진우 씨 진술 조서에 기재된 주민등록번호를 조회해 본 결과 고형배란 엉뚱한 인물이 나오기 때문이라고 했다. 이참에 고형배 씨를 직접 만나러 갔다.

판사에게 충격을 주는 법

1월 23일, 8차 기일이 되었다. 검찰은 자리에서 일어나 정진우 씨를 찾아냈다고 했다. 임태진 재판장은 검찰의 노고를 칭찬했다. 그리고 피고인에게는 통화 내역 사실 조회 촉탁 신청은 사생활과 관련되므로 철회하라고 말했다.

재판부에서 김명숙과 통화가 안 된다고 하니까요.

그녀가 받아들이지 않자 임태진 재판장도 참지 못하겠다는 듯 "그렇게 우리를 믿지 못한다면 한번 전화를 걸어 보세요."라고 말했다. 급기야 전화번호까지 큰 소리로 불러 줬다.

제가 걸어 보겠습니다.

이때 방청석에 있던 남 모 씨가 손을 들었다. "제 핸드폰에 입력돼 있어서"라고 말하며 법정이라 꺼냈던 핸드폰을 켰다. 임태진 재판장은 "한번 전화해서 물어봐 주십시오. 김명숙 씨냐고."라며 언성을 높였다. 전화 신호가 두 번 정도 갔을 무렵 남 모 씨가 벌떡 일어섰다.

아, 김명숙 씨? 저 지난번 아파트 산다고 전화 걸었던 사람입니다.

그는 증인석을 지나 재판장에게 다가가면서 계속 떠들었다.

154

저 대전에 왔는데요. 제가 지금 누구 좀 바꿔 드릴게요.

임태진 재판장은 법대 아래까지 도착한 남 모 씨에게 핸드폰을 건네받았다. 그리고 다짜고짜 물었다.

여보세요? 김명숙 씨 되십니까?

전화기에서 톤 높은 여자 소리가 흘러나왔다.

여기 대전 법원인데 증인으로 채택이 됐습니다.

전화기에서 나오는 목소리는 더욱 거칠어졌다.

예, 피고인은 임정자입니다. 임정자 피고인인데, 김명숙 씨가 그전에 소송 관련해서 조사받은 적 있죠? 김명숙 씨가 증인으로 채택이 되어 있는데, 소환장을 보내려고 하는데, 주소가 어딘가요?

전화기에서 흘러나오는 목소리는 불쾌함으로 가득 차 있었다.

증인으로 출석할 의사가 없습니까? 주소 알려 줄 의사가 없습니까? 알았습니다. 네!

전화를 끊은 임태진 재판장은 무거운 한숨을 내쉬었다. 그러더니 재판장은 피고인을 향해 딱 잘라 말했다.

법원이 속일 리는 없습니다! 핸드폰에 법원이나 공적 기관 번호가 뜨니까 안 받았겠죠. 그렇잖아요. 우리가 속였다고 그렇게 생각하지 마세요!

임 재판장은 본능적으로 방어적인 모습을 보였다. 재판장이 이렇게 사법 불신이라는 이미지를 걱정하는 순간 피고인과 방청석에 앉아 있던 사람들은 진실 규명이 앞으로 더욱 힘들어질 것이라고 내다봤다. 김명숙 씨는 현 재판에서 송달을 받지 않으려고 피하고 있었다. 그런데 어렵게 통화가 된 전화에서 재판장은 법정으로 출두하라는 명령 대신에 출두할 '의사' 여부를 물었다. 이 일을 계기로 앞으로 김명숙 씨에게 아파트 매매를 핑계로 전화 통화를 하는 것 또한 어려워질 것이었다.

재판장의 항변에 임정자 씨는 어떻게 반응했을까. 임 씨는 아무 말도 하지 않았다. 대신에 법정 진술을 하겠다는 말로 답하고 여느 때처럼 그냥 밀고 나갔다. 임 씨의 법정 진술은 검찰의 거짓말에 관한 것이었다. 오늘에야 증인 정진우 씨를 찾아냈다는 검찰 쪽 말은 사실이 아니라는 증거들을 내밀었다. 임정자 씨는 고형배 씨를 찾아가서 만났던 일부터 진술했다.

고형배 씨는 법원에서 정진우 씨를 찾는 출두 명령서가 자신에게 오자 이상하게 여겨 검찰에 전화를 걸어 물었다고 한다. 검찰은 "전화 통화에서 컴퓨터로 조회해 보면 정진우 씨는 주민등록번호 끝자리가 틀리지만 존재한다", "당신은 관계없는 일이니 걱정하지 말고 출두 명령서를 찢어 버려라."라고 했다 한다.

임정자 씨의 법정 진술이 이어지는 동안 재판장은 의자를 뒤로 젖힌 채 천장을 바라보았다. 임 씨가 필요하다면 고형배 씨와 대화한 녹음을 들려주겠다는 대목에 이르자 공판 검사는 입술을 깨문 채 앞머리카락을 만지작거렸다. 임 씨가 판결 오류를 범하지 말 것을 진술하면서 마무리하자 재판장은 한숨을 지었다. 그리고 다음 재판 기일을 잡고 자리를 떴다. 얼굴은 조각상처럼 굳어졌다.

임정자 씨는 사법 불신을 못마땅해 하는 재판부의 모습을 접할 때마다 바로 대응하지 않고 적립한다고 했다. 바로 대응하면 오히려 속 좁은 사람처럼 비친다는 것이다. 뭐든지 모아 놓고 비판해야 충격이 최고조에 달한다. 얼마 후 임태진 재판장은 인사이동으로 자리를 옮겼다.

상대편 위증 판결 받아 내는 법

9차 기일인 2008년 3월 5일. 임정자 씨는 다시 새로운 재판부를 맞이했다. 이번 재판장은 김재섭 판사였다. 임정자 씨는 서류가 담긴 보따리를 피고인석 옆에 내려놓았다. 피고인석에는 이미 두툼한 서류와 노트북으로 가득 차 빈 공간을 찾을 수 없었다.

이날은 증인으로 정진우 씨가 나왔다. 정진우 씨는 1993년 자술서와 경찰 진술에서 임정자 씨가 채형석 씨에게 돈을 빌리고, 아파트 분양 계약서 2통을 담보로 맡기는 것을 보았다고 진술한 적이 있었다. 정진우 씨는 법원에서 보내온 출두 요구서를 받고는 당장 걱정이 앞섰다고 한다. 법원으로 들어가는 순간부터 어떻게든 자신을 방어해야겠다고 다짐했다.

정진우 씨는 임정자 씨가 이미 증인신문조서를 바탕으로 조은숙 씨와 정은옥 씨를 위증으로 고소한 사실을 아는 듯했다. 그는 선서 전에 피고인석을 쳐다보며 "먼저 나를 고소하지 않겠다는 약속을 해 주세요. 임정자 씨 전체적인 시뮬레이션이 전투적이라서……."라고 말했다. 갑작스러운 증인의 말에 재판장은 노년의 피고인과 40대 후반의 건장한 남자를 번갈아 보며 피식 웃었다. 임정자 씨가 준비한 증인신문 사항 항목은 총 99개였다.

증인은 피고인을 어떻게 알게 되었고 언제 몇 번 보았나요?

차를 어디 가느라고 탔나요?

한 번 탔나요? 두 번 탔나요?

……

임정자 씨는 이처럼 윤곽이 잡히지 않는 모호한 질문부터 시작했다. 재판장은 임 씨가 진행하는 증인신문을 듣고는 짜증을 냈다.

신문 요령을 잘 모르시는 것 같습니다. 좀 짧게, 핵심을 먼저 물어보고 그게 틀리면 곁가지를 물어보시면 되는 겁니다.

임정자 씨는 아랑곳하지 않고 신문을 이어갔다. 재판장은 참을 수 없다는 듯 다시 끼어들었다.

이 자리는 판사를 설득시키는 자리지 피고인의 만족을 위한 자리가 아닙니다.

얼마 안 가 답답히 여기는 재판장의 목소리가 다시 들렸다.

그 질문은 이미 다 했잖아요. 뒤에 방청객도 다 아시잖아요. 중복되는 질문
은 하지 마세요!

당시 증인석에 앉았던 정진우 씨는 재판장도 제지하지 못할 만큼
그녀가 계속 밀고 나가는 것을 느꼈다고 했다. 결국 그는 증인 신문
막바지에 이르러 그가 1993년도에 작성했던 자술서와 진술서가 사
실과 많이 다르다고 털어났다.

저는 모릅니다. 이 내용을 보니까 제가 타자는 안 친 것 같습니다. 모르는
내용을 제가 칠 일이 없는데 도장은 제가 찍었는지 안 찍었는지 모르겠지
만 2억 원이라는 것도 제가 모르는 사실입니다.
……
거짓말이 아니라 분명히 지금 생각해 보니 수정아파트 당첨 계약서가 아닙
니다. 이 내용은 제가 잘못 얘기한 것 같다고 일단 여기에선 진술하겠습니
다. 경찰 조사관에게 제가 말을 정교하게 하지 못했다고 얘기를 했으면 좋
겠습니다.

이로써 임정자 씨는 정진우 씨에 대한 증인신문을 모두 마쳤다. 재판장은 임정자 씨가 증인신문을 너무 못한다며 다음부터는 30분 내에 할 수 있도록 준비하라고 이르고 나서 다음 기일을 잡고 퇴정했다. 방청석에 있던 사람들이 재판을 마친 임정자 씨 주변으로 모여들었다. 대부분 임 씨에게 재판장의 심기를 불편하게 만들면 안 된다고 조언했다.

임정자 씨는 이런 조언에 한마디로 선을 그었다. 증인신문을 할 때 시간을 제한하는 판사에게 밀리면 안 된다는 점을 강조했다. 증인신문 사항을 두껍게 만들어 제출하면서 "오늘 밤새 못하면 내일모레까지라도 합니다."라는 말로 선수를 친다. 또한 피고인석 주변에 보따리를 많이 갖다 놓아서 시각적으로 재판장을 위축시킨다. 이 모든 게 증인신문에서 재판장에게 밀리지 않기 위한 임정자 씨의 전략이라고 했다. 법정은 판사를 설득시키는 자리지 피고인의 만족을 위한 자리가 아니라는 말에도 동의하지 않았다. 임정자 씨의 이야기를 들어 보자.

아니지, 내가 만족해야지. 판사들이 설득되는 줄 알아? 설득되는 것 같아 보이지? 공판조서에 분명한 말이 기재되지 않으면 아무짝에도 소용이 없는 거야. 판사가 웃는 얼굴로 "알았어요", "뭐 자꾸 물어요?", "내가 알았으니깐 됐어요" 같은 말을 해도 절대 넘어가서는 안 돼요. 다 알고 있지만 하나도 반영 안 시켜. 그래서 내가 유죄지. 판사가 짜증을 내든 말든 난 내가 필요한 거 하니까 신경 쓸 게 없어. 당신들 피곤해도 나와는 상관없지. 당신들 때문에 내가 이렇게 됐는데 하루쯤 배고픈 것은 시간 지나면 다 잊게 돼있어. 내가 16년간 피눈물 나는 세월 보낸 건 재판장 서너 시간 배고픈 데 비할 게 안 돼. 혼자만 배고프냐? 다 같이 배고프지. 나는 미안하지가 않아!

임정자 씨는 핵심을 물어보고 틀리면 곁가지를 물어보라는 신문 요령도 동의하지 않았다. 임 씨에게 호의적인 증인이면 재판장 말처럼 핵심을 물어보고 곁가지로 보충할 수 있다. 하지만 검찰 쪽 증인들은 결코 바른말 할 사람들이 아니라는 것이다. 핵심을 먼저 물어버리면 나머지 대답도 자존심 때문에 처음에 한 거짓말에 맞추려고 한단다.

임정자 씨가 증인신문에서 같은 질문을 여러 번 하는 또 다른 이유가 있다고 했다. 먼저 판사의 방해 공작을 막기 위해서다. 증인 정진우 씨를 신문할 때도 그런 장면들이 몇 번 있었다. 피고인 질문에 증인이 잘 모르겠다고 답할 때 재판장이 끼어든다.

자술서를 작성한 것은 맞지만 제출은 누가 했는지 기억이 안 난다는 것인가요?

증인은 그렇다고 답했다. 이처럼 "기억나지 않지요?"라고 재판장이 묻고, 증인이 그대로 따라 하는 경우까지 증인신문을 만들 때 고려해야 한다는 것이다. 증인이 모른다고 해도 다시 신문 중간에 되돌아와 이 부분을 찔러봐야 한다. 임태진 재판장은 이런 신문 의도를 정확히 간파한 유일한 사람이었다.

임정자 씨는 증인신문을 할 때 하나의 사실을 다양한 각도에서 물어봐야 하는 이유로 또 한 가지를 꼽는다. 문턱이 높은 재심 요건 때문이다. 〈형사소송법〉 제420조에는 "원판결이 인정한 죄보다 경한 죄를 인정할 명백한 증거가 새로 발견된 때" 재심사유가 있다고 나와 있지만, 현실에서는 오직 확정판결만을 요구할 뿐이다. 따라서 임정자 씨가 재심(항소심)에서 무죄를 받으려면 검찰 쪽 증인을 형사 처벌한 확정판결이 필요하다. 그래서 임 씨는 증인신문조서에 있는 여러 개의 거짓말 항목들을 바탕으로 위증으로 고소했던 것이다.

확정판결을 얻으려면 검찰 기소가 뒤따라야 하는데, 2010년을 강타한 검찰 스폰서 사건처럼 현실에서 상대가 로비와 청탁을 넣으면 수사를 무마 또는 축소할 수 있다. 임정자 씨는 검찰에 압력이 들어갔다고 가정해 보자고 했다. 위증 고소 사유로 거짓말이 한 가지 항목이라면 무혐의로 처리될 가능성이 높다. 그렇다면 수사기관의 축소 수사를 대비해서 한 가지 항목으로 고소하더라도 그 내용은 다양하고 풍부하게 해야 한다. 이처럼 임정자 씨는 위법적인 내용이 한 가지 사항밖에 없으면 축소 수사에 대비해서 고소 항목을 여러 가지로 늘리는 것도 지혜라고 했다.

사회적 약자들은 이렇게 법 안에서 조금씩 성과를 건져 나가야 한다. 임정자 씨가 안용길 씨를 모해 위증으로 처벌한 전략도 이와 같았다. 1995년 11월 20일 대전고등검찰청 검사장 대리인 이재호 씨는 "위계 공무 집행 방해, 사문서 위조, 위조 사문서 행사, 명예훼손의 각점에 대하여는 항고를 기각하고 위증의 점에 대하여는 제기하여 수사할 것을 명한다."라며 재기 수사 명령을 내렸다. 임 씨가 얻은 이런 결과는 결국 법정에서 증인신문을 할 때 판사에게 밀리지 않았던 것과 연관 있다고 했다.

임정자 씨는 '무혐의 처리'를 대하는 생각도 남달랐다. 대다수는 본인이 고소한 사건에 대해 불기소 통지서가 날아들면 온갖 좌절에 휩싸이기 십상이다. 하지만 '무혐의'라는 결과에 대해서도 임정자 씨는 최악의 상황이 아니라 최선의 상황에서 생각하고자 했다.

실제로 임정자 씨는 재심(항소심)에서 증인으로 나온 조은숙 씨를 위증으로 고소한 사안이 청주지방검찰청 영동지청에서 불기소 처리됐다는 통지서를 받은 적이 있었다. 불기소 이유를 살펴보자.

> 피의자 행위를 형법 제152조 제2항에 해당하는 범죄로 수사한바, 피의자는 …… 91.8.5. 아침에 건외 채형석과 같이 대전지방법원 경매장에 간 것은 기억하는데 건외 정진우와 같이 동행하였는지는 기억이 없고, 경매장에 나와 벽에 기대고 있는데 고소인이 와서 인사를 나눈 것으로 기억하고…….

임정자 씨는 불기소 이유를 읽어 본 후 무척 만족해했다. 그 이유는 무엇일까. 임 씨는 가장 싸우기 어려운 경우가 불기소 이유가 명확하지 않고 무슨 말인지 모르게 오락가락하게 쓸 경우라고 했다. 핵심을 알 수 없기 때문이다. 1993년 양석원 검사가 작성한 93고단 1324 공소장을 살펴보자.

> 채형석에게 피고인의 돈에 동인의 돈을 합하여 동인의 이름으로 경락보아 달라고 부탁하여 일단 동인의 이름으로 경락되면 경락 잔금을 납입하게 하여 위 경매를 고의로 유찰시킨 후 위 경락 보증금이 채무자인 피고인에게

귀속되게 함으로써 동인의 돈을 편취하기로 마음먹고 …… 동인 명의로
위 주택을 경락받도록 한 후, 경락 잔금을 납입하지 아니하여 위 경매를 유
찰시킨 후 ……

이처럼 공소장 한 장에 경락 잔금을 납입도 하고, 경락 잔금을 납
입하지도 않는 등 온갖 상황이 모두 들어가면 다툴 수가 없다고 했
다. 검찰이 육하원칙에 맞게 불기소 이유를 적어 준다면 반박할 증
거를 모아서 탄핵하면 되니, 그것처럼 풀어 나가는 데 도움이 되는
게 없다는 것이다. 임정자 씨는 이런 조은숙 씨에 대한 불기소 이유
에 대해 다시 조목조목 반박하며 항고했다.

법관기피 제도 활용하는 법

증인신문에서 재판장이 증인에게
"오래된 일이라 기억나지 않는다는 것이지요?"라며 개입하는 것을
임정자 씨는 '방해 공작'이라고 했다. 하지만 이것은 지나친 사법 불
신일 수도 있다. 재판장이 증인에게 건네는 질문은 재판 내용을 정
리하기 위한 것으로 볼 수 있다. 여기에는 재판장마다 특색이 있다.
서울중앙지방법원 형사단독부의 한 재판장은 변호인이 증인신문을
하면 중간에 개입해 질문과 답변을 모두 자기 입맛에 맞게 고치는
작업을 하기도 했다. 변호인은 불만이 큰 듯 보였으나 그렇다고 재
판장에게 항의하지는 않았다. 하지만 중요한 것은, 증인신문에서 구
박하고 핀잔을 받은 이후로 임정자 씨는 김재섭 재판장에 대한 경계

심을 늦추지 않게 되었다는 것이다.

그리고 또 한 가지 변수가 더해졌다. 5월 16일, 11차 기일에서 김재섭 재판장은 전 재판부가 보류했던 양석원 전 수사 검사에 대해 증인 채택 불가 입장을 밝힌 것이다. 대체 어떤 생각이었을까? 임정자 씨는 재판장에게 거짓말 테스트를 시작했다. 증인 채택 불가를 선언하는 재판장에게 편안한 미소를 지으면서 말했다.

제가 데려올게요.

사실 임정자 씨에게 그럴 능력은 없었다. 하지만 임 씨는 일단 가능한 듯 이야기를 꺼냈다. 임 씨가 몹시 자신 있게 말하자 재판장은 "함께 오면 증인 채택을 해주겠지만 구인영장(발부)은 안 된다."라고 답했다. 이렇게 얻어 낸 한마디 속에 김재섭 재판장이 양석원 검사를 증인으로서 가치는 인정한다는 것을 알았다고 했다. 그럼에도 증인 채택을 막는다면 임정자 씨는 현 재판부와는 결별하는 길밖에 없다고 했다. 그 방법은 오직 법관기피 신청뿐이었다.

〈형사소송법〉 제18조(기피의 원인과 신청권자) 제1항은 "검사 또는 피고인은 다음 경우에 법관의 기피를 신청할 수 있다."라며 두 번째 사항으로 "법관이 불공평한 재판을 할 염려가 있을 때" 가능하다고 쓰여 있다. 하지만 기피 신청을 해도 재판장이 기각할 수 있다. 따라서 재판부가 기피 신청을 순순히 받아 주게 하는 방법을 연구해야 한다. 임정자 씨가 생각한 방법은 딱 하나였다. 재판장 스스로 소송관계인을 만나고 싶지 않게 만들면 된다는 것이다. 임정자 씨는 이미 4

월 2일 10차 기일부터 법관기피 근거를 만드는 작업을 시작했다.

그때부터 임정자 씨 재판에는 전과 다르게 방청석이 대부분 비었다. 임 씨가 몇 사람에게만 재판에 와달라고 부탁했기 때문이다. 임 씨가 적은 인원을 데리고 온 것도 이유가 있었다. 방청석에서 보는 사람이 없어야 재판장이 아무 말이나 쏟아 낼 가능성이 커진다는 것이다. 법관기피 신청을 할 때는 근거를 최대한 모아서 하는 게 낫다고 했다. 한 가지 사항으로 기피하면 옹졸한 사람으로 보이지만 근거가 많아질수록 재판장은 할 말이 줄어든다. 임정자 씨는 지금까지 재판에서 전혀 하지 않았던 이야기를 시작했다.

임정자 씨가 이런 말을 꺼내면 재판장은 궁금해 하며 그게 뭐냐고 물어보리라고 추측했다. 그리고 앞으로 자신이 하는 이야기를 전혀 믿지 않으리라는 것까지도 예상과 맞아떨어졌다는 것이다. 임정자 씨는 재판장에게 양석원 검사가 1992년 수사 당시 자신이 제출했던 62매 증거자료를 없앤 이야기를 꺼냈다. 임정자 씨는 당시 제출했던 62매 증거자료와 똑같은 복사본을 재판장에게 보여 주면서, 이걸 왜 없앴는지 법정으로 불러내어 물어봐야 한다고 주장했다. 재판장은 설마 하는 표정을 지으며 재빠르게 말했다.

다음 공판에 구■기록을 대조해 보자고요. 있을 수도 있고, 없을 수도 있고, 본인 착각일 수도 있고. 다음에 구기록을 다 가지고 올 테니 확인해 보고 절차를 밟고 결정합시다.

임정자 씨는 과거 62매 증거 서류 행방과 더불어 이 재판에서도 증거 목록이 한 덩어리로 빠져 있다며 정정해 달라는 이야기를 꺼냈다. 제출한 증거자료에는 임 씨가 김명숙에게 빌려준 돈의 사용처와 예금 추적을 한 자료들이 포함돼 있었다. 재판부는 설마 그렇겠냐고 하면서 다음 기일에 모두 확인해 보겠다고 했다. 임정자 씨는 과거와 현재의 잘못을 모두 들추면서 재판부를 공략해 가고 있었다. 임 씨는 6월 17일 12회 재판 기일 하루 전날 대전지방법원에서 열람 복사 신청서를 다시 제출했다. 재판이 시작돼서도 전회 공판조서를 발부해 주지 않는 점에 대해 이의를 제기하지 않았다. 이전에 신청한 녹취록 작성이 제대로 되고 있는지도 묻지 않았다. 따지고 들면 재판장은 변명하게 되어 있고, 변명은 법관기피 근거를 사라지게 한다.

재판에서 재판장 지휘로 구기록 확인 대조가 들어가자 서류 더미를 놓고 모든 직원과 공판 검사, 배석판사까지 동원되어 샅샅이 뒤지기 시작했다. 그런데 아무리 찾아봐도 62매 증거 서류가 보이지 않았다. 그리고 현 재판의 증거 목록을 조사해 보니 한 묶음이 빠져 있는 부분도 확인이 됐다.

과거와 현재의 잘못 두 가지는 비슷할수록 대비 효과가 있기에 극적인 상황으로 몰아갈 수 있다는 게 임 씨 생각이었다. 물론 현재 잘못이 지적되었을 때 바로 시정이 들어간다면 이런 연출은 효과가 없을 것이다. 하지만 재판장은 임 씨가 제출한 증거들은 중복되는 게 많다면서 딱 한 장만 증거 목록에 올리게 했다. 또한 재판부는 양석원 전 수사 검사에 대한 증인 채택 여부에 대해서 "불필요한 것 같아요. 제 입장에서는, 제 입장은 그렇습니다."라고 분명히 밝혔다. 항의하는 임정자 씨에게 "증거의 취사선택은 법원에 있어요. 필요 없을 것 같아요."라고 답변했다.

임정자 씨는 계속해서 법관기피 근거를 만들어 갔다. 녹취 신청을 주장하자 재판장은 "받아들이지 않는 게 원칙입니다."라며 거절했다. 이 모든 것이 배석판사들이 지켜보는 앞에서 벌어진 일들이었다. 법관기피 신청은 이처럼 증거들과 배석판사들 앞에서의 망신이 결합한 작품이어야 한다는 게 임정자 씨 생각이었다. 재판장은 다음 기일을 정하고 자리를 떴다. 재판에 같이 따라온 일행들은 임정자 씨에게 다가와 걱정스러운 말을 건넸다. 하지만 임 씨는 차근차근 법관기피 증거들만 모아갈 뿐이었다. '내 입장'을 내세워 양석원 전 수사 검사에 대한 증인 신청을 기각한 사실도 중요한 법관기피 근거 중 하나라고 생각했다. 〈형사소송법〉 제17조(제척의 원인)에는 "법관이 피고인 또는 피해자의 법정대리인, 후견감독인인 때"는 직무 집행에서 제척된다고 나와 있기 때문이다.

임정자 씨는 증인 신청이 기각되자 "재판부는 피고인 임정자가 증인 양석원을 증인 채택 신청한 것에 대하여 기각하는 구두 결정을 하였는데 불복하여 항고한다."라는 항고장(〈형사소송법〉 제402조)을 제출했다. 같은 해 7월 9일, 대전지방법원 제12형사부는 임정자 씨가 제출한 항고장에 대해 다음과 같은 항고 기각결정을 내렸다.

피고인은 2008년 6월 18일 공판기일에 양석원을 증인으로 신청하였음에도, 이 법원은 이를 기각하였다는 이유로 이 사건 항고를 하였다. 살펴건대, 〈형사소송법〉 제403조에 따라 법원의 관할 또는 판결 전의 소송절차에 관한 결정에 대하여는 구금·보석·압수나 압수물의 환부에 관한 결정 또는 감정하기 위한 피고인의 유치에 관한 결정을 제외하고는 특히 즉시 항고를 할 수 있는 경우 외에는 항고하지 못하는바……

항고 결정문에는 임정자 씨의 항고장 제출 행위는 법률적으로 맞지 않다는 내용이 있었다. 하지만 임 씨가 항고장을 제출한 데에는 다른 뜻이 있었다. 재판에서 어떤 일이 있었다는 자신의 주장을 어느 누가 믿어 주겠느냐는 것이다. 공판조서 문구라고 해봐야, 재판장 공란에는 "증거 조사 결과에 대한 의견을 묻고 권리를 보호함에 필요한 증거 조사를 신청할 수 있음을 고지"했다고 적혀 있을 것이고, 소송관계인 공란에는 "별 의견 없다고 진술"이라고 쓰여 있을 뿐이다. 임정자 씨는 무엇보다 이런 과정을 기록으로 남겨야 한다고 보았다.

그렇다면 그 기록 수단으로 왜 항고장을 택했는가. 탄원서, 공판조서 이의신청 같은 경우는 항고장과 달리 재판장이 답할 의무가 없어서 아무런 필요가 없다는 것이다. 임정자 씨는 녹취 신청 기각을 포함해 지금까지 염두에 두었던 재판장의 언행들을 모두 모아 8월 7일 법관기피 신청서를 제출했다.

체력의 한계

7월 18일 금요일 오후 임정자 씨가 쓰러졌다. 당일 오후에 법원 홈페이지로 들어가 사건 검색을 하던 임 씨는 사건 기록에서 '피고인 구금용 구속영장'이라는 문구를 보았다. 이미 공무원들은 퇴근한 시각이어서 자신에 대한 구속영장 발부가 맞는지 확인해 볼 곳도 없었다. 가슴이 조여 오고, 몸에 열이 나기 시작했다. 불안 장애 증상이었다. 이미 66세의 임정자 씨에게는 예전 기억을 떠올리게 하는 '피고인 구금용 구속영장'이라는 글자가 주는 충격을 감당하지 못했던 것이다. 체력의 한계가 온 것이다.

그러나 그다음 주에 들어와 '피고인 구금용 구속영장'은 '증인 구인용 구속영장'으로 정정됐다. 잘못된 기록이었지만, 어느 누구도 이에 책임을 지는 사람이 없었다. 임정자 씨는 사법 불신이 더욱 깊어졌다.

몇 달이 지나 퇴원한 후 그녀는 필자에게 한 가지 부탁을 했다. 재심에서 선임했던 사선변호인을 찾아가고 싶은데 동행해 달라는 것이었다. 왜 이제야 찾아가느냐고 물었더니 임 씨가 선임했던 변호사가 판사 출신인지라 고소했다가는 괘씸하게 생각해 현재 진행 중인 소송에 불이익을 줄지도 모른다는 우려가 컸다고 했다.

또한 힘없는 약자에게 가장 두려운 현실은 상대편들이 모두 뭉치는 상황이었다. 그걸 막고자 재심(항소심)을 안정 궤도에 올려놓고 나서 찾아가려고 그동안 기다렸다고 한다. 그해 늦가을, 임정자 씨는 작게 심호흡을 하고 변호사실 문을 노크했다. 2년 만의 방문이었다.

변호사와 이야기를 하는 내내 그녀는 너무나 오래된 일이라 변호사에게 얼마를 줬는지도 기억이 안 나는 것처럼 행동했다. 사실 당시에 변호사와 정식으로 영수증을 쓴 것은 없었다. 변호사는 자신이 써낸 변론 요지서에 대해서 문제를 삼고 싶다면 "법대로 하라"는 이야기로 끝마쳤다. 돌아오는 길에 임정자 씨는 변호사를 상대로 손해배상을 청구하는 민사소송을 할 것이라고 했다. 그 밖에는 별다른 방법이 없어 보였다.

그녀는 가방 속에서 꾸겨진 종이를 꺼내 펴보였다. 변호사에게 수임료를 송금한 증거자료였다. 어떤 사항에 대해서 모른다고 하면 터무니없이 거짓말을 만들어 내는 것은 사람들의 습성이라고 했다. 재판에서 피고(변호사)가 수임료에 대해 몇 푼 받지도 않았다는 등 거짓말을 하면 그냥 내버려둘 것이라고 했다. 그리고 언제나 그렇듯, '거짓말'이라는 풍선이 최대한 부풀어 오르면 '증거'라는 바늘로 찌른다는 것이다. 그녀는 짧지만, 단호하게 말했다.

핵심 증거는 절대로 보여 주면 안 돼요.

9장

다시 패배,
그러나 끝나지 않은 싸움

이룰 수 없는 꿈이었을까

〈맨 오브 라만차〉Man of Lamancha라는
뮤지컬에 나오는 돈키호테의 노래가 있다. "이룰 수 없는 꿈"Impossible
Dream이라는 제목의 이 노래 가사는 다음과 같다.

이룰 수 없는 꿈을 꾸고

이길 수 없는 적과 싸우고

참을 수 없는 슬픔을 견디고

바로잡을 수 없는 불의를 바로잡으려 하고

두 팔의 힘이 다 빠질 때까지

닿을 수 없는 별을 향해 나아가는 것

아무리 멀고 희망이 없어 보여도

그 별을 찾아가는 것, 그것이 바로 나의 길이라오.

......

172

조롱과 상처로 가득한 한 인간이

마지막 남은 힘까지 짜내어

닿을 수 없는 저 별에 이르려 애쓴다면 세상은 그만큼 밝아지리라.

지금까지 나는, 16년간 줄기차게 소송을 했고, 누가 가르쳐 주지 않았어도 스스로 법 절차를 공부했고, 지치지 않고 소송 기술을 연구해 법에 맞서 싸웠고, 그러면서 많은 것을 잃었고, 결과적으로 소송이 삶이 되어 버린 한 사람에 대해 이야기했다. 하지만 독자들의 기대와는 달리 결과는 우울했다. 그녀는 이 싸움에서 궁극적으로 승리하지 못했기 때문이다.

나는 임정자 씨가 한창 재심(2006노1242)을 진행할 때 처음 만났다. 당시에는 그 재판이 어떻게 진행될지 아무도 몰랐다. 임정자 씨가 제출한 법관기피 신청은 이듬해 2009년 2월 19일 기각됐다.

그리고 몇 달 후 재판 기일이 잡혔지만 임정자 씨는 재판에 참석하지 못했다. 송달을 받지 못했기 때문이다. 임정자 씨가 위증으로 고소한 이들도 모두 혐의를 피해 갔다. 정은옥 씨는 재기 수사 명령에서 기소유예로 바뀌었고 조은숙 씨는 무혐의 처리됐다. 재심(항소심)은 2009년 7월 7일에 선고됐다. 재심사유가 없다는 게 판결 요지였다. 같은 이유로 2009년 10월 15일 대법원에서도 기각됐다.

그간의 일들이 주마등처럼 뇌리를 스치고 지나갔다. 밤이 가는 줄 모르게 책상에 앉아 소송기록을 검토하며 증인신문을 연구했던 그녀. 충북 옥천경찰서에서 조은숙 고소 건으로 조사를 받기 위해 늦은 밤 소송 보따리를 들고 인근 허름한 여관을 잡아야 했던 날들. 이 모든 기억이 '재심사유가 없다'는 말로 마무리되고 있었다.

재심에서도 결국 완전 무죄를 받지는 못했다. 하지만 여전히 그녀는 포기할 생각이 없는 듯하다. 증인을 불러내기 위한 수단으로 민사소송과 같은 다른 돌파구를 생각하고 있다. 대법정을 나오며 그녀는 눈물을 보이지 않았다. 사실 나는 3년간 한 번도 그녀의 눈물을 본 적이 없다. 자신을 지키기 위해 눈물샘까지 단련한 것일까.

그녀는 정말 자신을 지켰는가. 자신을 지키기 위해서는 법과 싸워야 하고 거기에 자신의 인생을 걸어야 한다. 나는 가끔 법이 아닌 다른 방식이 없었을까 궁금할 때가 있지만 사회적 약자가 자신을 지키는 방법이란 고소하고 소송하는 것 이외에 뚜렷한 게 없어 보인다.

그녀는 검사의 압박에도 불구하고 피의자 신문조서 말미에 서명 날인을 하지 않는 등 한 번도 신념을 저버린 적이 없다는 사실을 무척이나 자랑스럽게 여긴다. 하지만 그 결과는 보기에 따라, 그리고 개인적으로는 처참하기도 하다. 역설적이게도 지금 필자는, 법과 다투는 것이 얼마나 어려운 것인지를 말하는 셈이 되었다.

그러나 법이 부조리하면 이렇게 싸우는 사람이 있고, 자기 인생을 파멸시키면서까지 멈추지 않는 사람이 있다는 것을 임정자 씨는 보여 주고 있다. 그렇다면 임정자 씨는 지금 어떻게 살고 있는가. 안타깝게도 그녀는 자신을 지키기 위해 법과 싸워야만 하는 상황을 또 만나고 말았다.

끝낼 수 없는 법과의 악연

그녀는 2007년 서울의 한 도로에서 발생한 폭행 사건의 목격자였다. 임정자 씨는 검찰 쪽 증인으로 나가 피고인 남선우 씨가, 피해자라고 주장하는 사람을 때리는 것을 보지 못했다고 증언했다. 하지만 고소인은 폭행당해 쇄골이 부러진 증거로 진료 소견서와 상해 진단서를 제출했고 법원은 이를 인정해 공소사실을 부인하는 피고인 남선우 씨에게 징역을 선고했다. 그리고 이 확정판결문을 기준으로 임정자 씨는 위증 등으로 불구속 기소가 됐다. 다시 새로운 형사사건이 시작된 것이다.

그녀는 공소사실을 부인했고, 진단서만큼은 인정해야 한다는 판사의 말을 부정하며, 엑스레이 감정을 하자고 맞섰다. 그 과정에서 임정자 씨는 KBS 뉴스에 나오기도 했다. 임 씨가 언론에 나온 계기는 이렇다.

상대방 재판 자료들을 열람하고자 법원에 마련된 형사재판 기록 통합 열람 복사 운영 센터로 가서 피해자 복사 열람 신청서를 제출했을 때 재판장은 이를 허가하지 않았다. 임 씨는 재판이 정보 싸움이라는 것을 누구보다도 잘 알았다. 하지만 재판장 재량권 앞에서는 모두 무용지물이었다.

그녀는 이 상황을 고전적인 방법으로 타개해 나갔다. 상대방이 공공장소에서 모욕적인 언사를 했던 것을 근거로 접근 금지 가처분 신청이라는 민사재판을 제기한 것이다. 접근 금지 가처분 신청은 송달료와 인지대를 모두 합쳐 3만 원 정도의 비용이 소요된다. 법원은 임 씨의 문서 송부 촉탁 신청을 받아들였다.

서울고등법원 제40부 문서 송부 촉탁서

서울중앙지방법원 귀하

사건 2009라0000 접근 금지 가처분

위 사건의 심리에 필요하오니 다음 문서의 인증 등본을 송부하여 주시기
바랍니다.

다음

1. 문서의 표시

　서울중앙지방법원 2009고단0000 사기 등 사건 공판 및 수사 기록 중 항

　고인이 지정하는 부분, 끝.

2. 문서 송부 촉탁 신청인 : 위 항고인 △△△

2009.9.24. 수명법관 판사 ○○○

　임정자 씨는 이런 방법으로 상대편의 정보를 얻어 냈다. 그 속에
는 상대편이 치료를 받은 적이 없다는 것을 보여 주는 병원 측 사실
조회 답변이 있었다. 임정자 씨에게 아주 유리한 자료들이었다.

　하지만 얼마 안 가 KBS 뉴스 프로그램에 "'내고 보자 식' 가처분
신청 …… 부작용 많아"라는 기사가 방송되었는데, 임정자 씨를 비
난하는 내용을 담고 있었다. 뉴스에 출연한 서울중앙지방법원 공보
관 김성수 판사는 "가처분 신청이 남발될 경우 정작 구제가 필요한
사람의 권리 실현이 방해받거나 때를 놓쳐 회복할 수 없는 손해가
발생할 염려가 있습니다."라고 덧붙였다.

　그녀는 이들의 이야기처럼 정말 법원에 업무 부담을 가중시키는

사람일까? 재판장의 재량권 앞에서 모든 게 무용지물인 현 체제에서 송달료, 인지대가 저렴한 가처분 신청은 임 씨에게 유일한 무기였다. 가처분 신청이 아니었다면 판사의 재량권에 맞서 그녀에게 유리한 증거자료들을 어떻게 얻어 낼 수 있었을까?

그러나 그 후 재판장은 임 씨가 신청한 엑스레이 감정을 기각하며 도주 및 증거인멸을 우려해 그녀를 법정 구속시켰다. 당시 필자는 임 씨가 도움을 받을 다른 방도가 없을까 하여 기자들을 만나 이야기를 꺼내 보기도 했다. 가치와 명분이 없는 개인들 간의 싸움이라며 관심을 얻기가 하늘의 별 따기임은 둘째 치고, 고소를 많이 한 임정자 씨의 경력은 인간적 결점이라면서 자신들의 무관심을 합리화했다.

이제 누구에게 도움을 청할 수 있을까. 곰곰이 생각해 보면 공판 검사는 사법부의 현실에 대해 누구보다 잘 알고 있다. 그리고 개인들 사정은 수사 검사 이상으로 상세히 알 사람이 없다. 김두식 교수는 『불멸의 신성가족』에서 두려움의 장막을 걷고 편지라는 수단으로 이들에게 말을 붙여 보라고 권고했다. 나는 수사 검사에게 판사의 언행을 설명하며 편지를 써내려 갔다. 편지를 몇 통 보내자 검찰이 반응해 왔다. 편지를 그만 보내라는 전화가 온 것이다. 그 후로 내가 보낸 편지는 반송 처리됐다.

관찰자로서의 고통

　나는 그간 취재를 하면서 기상천외한 이야기를 많이 접했다. 판사가 감치 재판을 하려 하자 옷을 모두 벗었다는 한 아주머니도 만났다.

　서울역 뒤편에 있는 작은 미용실을 운영하며, 미용실에 딸린 방 한 칸에서 치매에 걸린 노모를 돌봐야 하는 그 아주머니에게 3일 감치는 노모의 죽음을 의미했다. 판사는 옷을 벗고 법대 아래 누워 버린 아주머니의 행동에 몸이 얼어붙어 감치 재판을 실행하지 못했다고 한다.

　법을 둘러싼 이런 비극과 고통, 불합리함은 어떻게 멈추게 할 수 있을까? 아무리 생각해도 분명한 해결책이 있어 보이지는 않는다. 그러나 중요한 것은 세상이 싸움꾼, 국고를 낭비하는 사람들, 고소를 좋아하는 사람이라는 낙인을 찍어도 모든 방법을 동원해 법과 싸울 수밖에 없는 우리 사회 약자들의 관점에도 나름대로 이유가 있고 합리성이 있다는 생각에서 출발해야 하지 않을까 싶다. 이 책이 이런 생각을 촉구하는 데 도움이 되었으면 한다.

　지금까지 읽어 준 독자 여러분께 고마움을 전한다.

소송 일지

1943년	출생
1966년	결혼

1990년

11월 12일	남편을 간통죄로 고소
11월	이혼 심판 청구
11월 24일	**[임정자 남편]** 임정자를 간통으로 맞고소
12월 4일	**[임정자 남편]** 임정자 명의의 대전 서구 갈마동 집에 대해 부동산 처분 금지 가처분 신청 제기

1991년

4월 3일	대전 서구 갈마동 집 가처분에 이의신청 제기
4월 8일	양재섭(남편 친구)을 변호사법 위반으로 고소 남편과 그의 큰형·매형을 강제 집행 면탈죄로 고소
4월 9일	남편 상대로 대전 대덕구 집 소유권 이전 등기 소송 제기
4월 11일	남편 상대로 제기한 대전 대덕구 집 부동산 처분 금지 가처분 신청 결정
8월 2일	남편을 사기죄로 고소
8월 30일	이혼 판결(90드7622)

1992년

3월 2일	전남편의 큰형을 위증죄로 고소

5월 29일	채형석·이종태를 폭력행위등처벌에관한법률 위반으로 고소
6월 11일	전남편과 그의 매형을 사문서 위조죄로 고소
7월 날짜 미상	채형석을 상대로 대여금 소송(92가단9293) 진행
7월 15일	김명숙을 사기 혐의로 고소
7월 24일	전남편과 그의 큰형을 상대로 손해배상 소송(92가합3155) 진행
8월 20일	김명숙을 상대로 부당 이득금 반환 소송(92가합5021) 제기
8월 25일	김명숙·구영대·김병호를 추가 고소
10월 8일	[김병회] 임정자를 사기죄로 맞고소
10월 12일	[이갑수] 임정자를 무고죄로 맞고소

1993년

1월 18일	긴급 구속(대전교도소)
3월 3일	[전남편과 그의 큰형] 임정자가 제기한 손해배상 소송에 반소 제기
3월 23일	사기 무고 재판(93고단153) 시작
5월 날짜 미상	[전남편의 매형] 임정자를 상대로 대전 대덕구 집에 대한 가처분 결정 취소 신청(93카키360) 제기
6월 16일	[채형석] 임정자를 사기 무고로 고소
7월 15일	채형석에 대한 사기 무고로 추가 기소(93고단1324)
10월 14일	보석
10월 22일	전남편과 그의 큰형에게 제기했던 손해배상 청구 1심 패소 판결(92가합3155)

1994년

2월 16일	김명숙에 대한 부당 이득금 반환 소송 1심 패소 판결(92가합5021)
9월 8일	전남편과 그의 큰형에 대한 손해배상 항소기각 판결(93나6018)
9월 날짜 미상	[임정자] 안용길을 위증으로 고소
11월 4일	채형석에 대한 대여금 항소심 패소 판결
12월 27일	93고단153, 1324 사기 무고 1심 판결 선고(징역 1년 6월, 집행유예 3년)

1995년

| 1월 3일 | 항소장 제출 |

1996년

5월 31일 　　　항소기각(95노59)

1998년

1월 21일 　　　대전지방법원에서 안용길 위증 선고

1999년

9월 1일 　　　김명숙에 대한 부당 이득금 반환 항소심 승소 판결(94나1591)

2002년

5월 8일 　　　김명숙·구영대·김명수 등 위증 및 모해 위증 선고
12월 3일 　　　93고단153, 93고단1324 사건에 대한 재심(2002재고단2) 개시

2006년

6월 30일 　　　재심 1심 선고(93고단153 사건만 무죄판결)

2007년

3월 23일 　　　서울 남부순환도로에서 발생한 폭행 사건의 목격자가 됨
11월 13일 　　　상해 사건에 검찰 증인으로 출두해 증언함

2009년

4월 28일 　　　중앙지방법원에서 위증죄로 기소(2009고단2195)
7월 7일 　　　대전지방법원에서 재심 항소기각 판결(2006노1242)
10월 15일 　　　대법원 판결(2009도7287)

2011년

4월 27일 　　　법정 구속(도주 및 증거인멸 우려)

2016년 현재 　　　여전히 법정 투쟁 중

대전지방법원 93고단153, 93고단1324(병합) 판결문(1994.12.27)

사건	93고단153 무고, 사기 미수
	93고단1324(병합)
피고인	임정자(431013-○○○○○○○), 무직
	주거 대전 중구 선화동 ○○○의 ○○
	본적 대전 서구 괴정동 ○○
검사	○○○
변호인	변호사 ○○○

● 주문

피고인을 징역 1년 6월에 처한다.

이 판결 선고 전의 구금일 수 중 265일을 위 형에 산입한다.

다만 이 판결 확정일로부터 3년간 위 형의 집행을 유예한다.

● 이유

범죄 사실

피고인은,

1. 대전 서구 갈마동 ○○○의 ○○ 소재 피고인 소유 주택에 대한 근저
   당권자인 주식회사 서울신탁은행의 경매신청에 의하여 피고인 소유
   의 위 주택이 경매당하게 되자 평소 알고 지내던 대전 동구 정동 ○○
   소재 경매가이드 ○○지사를 경영하는 피해자 채형석에게 경매가 끝
   나면 이자를 두둑이 쳐서 갚아 주는 조건으로, 피고인의 돈에 동인의
   돈을 합하여 동인의 이름으로 경락을 보아 너무 낮은 가격으로 경락
   되지 않게 해 달라고 부탁하여, 동인으로 하여금 1991.8.5.경 대전 중
   구 선화동 소재 대전지방법원에서 피고인으로부터 교부받은 금 2,500
   만 원에 동인 소유의 금 1,100만 원을 합한 도합 금 3,600만 원에 동
   인 명의로 위 주택을 경락받도록 하고, 같은 해 8.9. 대전 서구 둔산동
   소재 수정아파트 모델하우스 앞길에서, 피고인의 통장을 매수, 분양
   신청하여 당첨된 공소의 이종태, 같은 송승준 명의의 아파트 분양 계
   약금으로, 동인으로부터 금 1,900만 원을 차용하여 위 아파트의 분양
   계약금으로 납입한 다음, 동인을 허위 고소하여 동인으로 하여금 형
   사처벌을 받도록 함으로써 위 금 3,000만 원을 돌려주지 아니하기로
   마음먹고, 사실은 같은 달 9. 위 경매가이드 ○○지사에서 위 채형석
   에게 위 금 3,000만 원에 대한 담보로 위 송승준, 위 이종태 명의의 아
   파트 분양 계약서를 맡겼으며, 1992.4.29. 16 : 00경부터 23 : 00경까
   지 자신이 위 이종태의 통장을 매수하여 아파트 당첨이 되었으니 앞
   으로 잘 부탁한다면서 위 이종태가 경영하는 같은 시 중구 문창동 소
   재 ○○양복점에 찾아갔다가 위 이종태의 전화연락을 받고 위 양복점
   으로 찾아온 위 채형석과 위 채권·채무 관계 및 아파트 분양 계약서
   문제로 서로 말다툼한 사실이 있을 뿐, 위 채형석에 의하여 동인 운전

의 승용차 안에 약 2시간 동안 감금당하거나 피고인이 위 감금 상태에서 도피하면서 위 승용차 안에 놓아 둔 위 분양 계약서를 위 채형석이 임의로 가져간 사실, 위 ○○양복점에서 위 채형석이나 위 이종태로부터 협박당하여 금원이나 아파트 분양 계약서를 갈취당할 뻔한 사실이 전혀 없음에도 불구하고, 1992.5.28.경 대전 중구 선화동 ○○○의 ○○ 소재 피고인의 집에서, "피고소인 채형석은 1. 1991.8.9. 17 : 00 경부터 같은 날 19 : 00경까지 피고소인 운전의 르망 승용차에 고소인을 태워 대전 유성구 소재 경하장 호텔 뒤 상호불상의 여관 앞까지 질주하여 고소인으로 하여금 승용차 안에서 내리지 못하도록 함으로써 약 2시간 동안 고소인을 감금하고, 고소인이 도피하면서 위 승용차 안에 두고 간 고소인 소유의 아파트 분양 계약서 2통을 임의로 가져가서 횡령하고 2. 1992.4.29. 16 : 00경부터 같은 날 23 : 00경까지 대전 중구 문창동 소재 이종태 경영의 ○○양복점에서 양복점 문을 안으로 걸어 잠근 후, 고소인을 그곳 소파 위에 집어던지면서 분양 계약서를 양도하여 주든지 아니면 금 3,000만 원을 내어 놓아라, 그렇지 않으면 검찰에 아파트 투기로 고발하겠다면서 협박하여 고소인으로부터 금원이나 아파트 분양계약서를 갈취하려 하였으나 고소인이 완강히 거부하는 바람에 그 뜻을 이루지 못하고 미수에 그쳤으니 피고소인을 처벌하여 달라"는 취지의 허위 내용의 고소장을 작성한 후 같은 달 29. 대전 동구 법동 310의 2 소재 대전 동부경찰서 민원실에서 위 고소장을 제출하여 위 채형석을 무고하고,

2. 가) 평소 친하게 지내던 피해자 김명숙에게 피고인이 1992.5.29. 대전 동부경찰서에서 피고인이 제1항과 같이 공소의 채형석에 대하여

고소한 폭력행위등처벌에관한법률 위반 사건에 대하여 피고인에게 유리한 진술을 하여 달라고 요구하였으나 위 피해자로부터 거절당하자 이에 앙심을 품고 피고인이 1991. 6.경 위 김명숙으로부터 금 2,000만 원을 차용하였다가 그 원금 및 이자로 1992.4.14. 금 900만 원, 같은 해 5.2. 금 1,630만6천 원 합계 금 2,530만6천 원을 변제하였음을 기화로 마치 위 김명숙이 피고인으로부터 동 금원을 편취한 것처럼 수사기관에 허위 고소하여 위 김명숙으로 하여금 형사 처벌을 받게 하기로 마음먹고, 사실은 피고인으로서는 위 김명숙으로부터 대전 서구 삼천동 소재 황실타운 ○○○동 ○○○호 및 ○○○동 ○○○호에 관한 매수 권유를 받거나 이를 매수한 사실이 전혀 없고 위 아파트 분양 관련 서류의 사본 등을 우연히 가지고 있을 뿐임에도 불구하고, 1992.7.15.경 대전 중구 선화동 ○○○의 ○○ 소재 피고인의 집에서 "피고소인 김명숙은 고소인에게 아파트를 분양받게 하여 줄 의사와 능력이 없음에도 불구하고, 1) 1991.5.20. 11 : 00경 대전 서구 갈마동 ○○○의 ○○ 소재 고소인의 집에서, 고소인에게 황실타운 ○○○동 ○○○호가 동생인 김명수 명의로 당첨되었는데 프리미엄 1,450만 원 및 분양가 6,000만 원에 매수하면 계약금 지불과 동시에 명의 이전에 필요한 일체의 서류를 교부하여 주고 매매 계약서를 공증하여 준 후 명의 이전하여 주겠다는 취지로 거짓말하여, 이에 속은 고소인으로부터 같은 날 12 : 00경 같은 장소에서 프리미엄 1,450만 원과 복비 200만 원을 교부받는 등 3회에 걸쳐 합계 금 2,645만2천 원을 교부받아 이를 편취하고, 2) 1992.4. 중순경 대전 중구 삼천동 소재 ○○○ 부동산 중개인 사무소에서, 고소인에게 황실타운 ○○○동 ○○○호가 이갑수 명의로 당첨되었는데 프리미엄 900만 원 및 분양가 6,000만 원에 매수하면 계약금 지불과 동시에 명의 이전에 필요한 일체의 서류를 교부하여 주고 매매 계약서를 공증하여 준 후 명의 이전하여 주겠다는 취지로 거짓말하여, 이에 속은 고소인으로 하여금 프리미엄 명목으로 같은 달 14. 15 : 00경 대전 동구 원동 소재 국민은행 대전 지점에서 고소외 하동우에게 금 900만 원을 송금하게 하고, 같은 해 5.2. 15 : 00경 위 ○○○ 부동산 중개인 사무실에서 고소인으로부터 액면 금 1,185만 4천 원짜리 자기앞수표 1장을 교부받아 합계 금 2,085만4천 원 상당을 편취하는 등 2회에 걸쳐 도합 금 4,730만6천 원을 편취하였다."라는 취지의 허위 내용의 고소장을 작성한 다음 같은 달 14. 같은 구 선화동 소재 법원 구내 우체국에서 위 고소장을 자기앞수표 사본 2통, 주택분양신청 접수증 사본 2통, 주택청약정기예금통장 사본 1통, 아파트 매매계약서 사본 1통, 녹취서 1통과 함께 대전서부경찰서로 우송하여 다음 날 위 경찰서에 접수되게 하여 동인을 무고하고,

나) 위와 같이 위 김명숙을 사기죄로 고소한 사건에 관하여 평소 위 김명숙을 잘 알고 지내던 피해자 김병호가 피고인과 위 김명숙 간의 분쟁을 중재하려 하고 같은 이갑수가 수사기관에서 조사를 받으면서 피고인에게 불리한 진술을 하자 위 김병호 및 이갑수가 마치 위 김명숙과 공모하여 피고인으로부터 위와 같이 금원을 편취한 것처럼 수사기관에 허위 고소하여 동인들로 하여금 형사 처벌

을 받게 하기로 마음먹고, 사실은 위 김병호나 이갑수가 위 김명숙과 공모하여 피고인으로부터 금원을 편취한 사실이 없음에도 불구하고, 1) 1992. 8. 25. 10 : 00경 위 피고인의 집에서 "피고소인 김병호는 김명숙과 공모하여 1992.4.14. 대전 중구 삼천동 소재 ○○○ 부동산 중개인 사무실에서 고소인에게 황실타운 ○○○동 ○○○호가 이갑수의 명의로 당첨되었는데 프리미엄 금 900만 원 및 분양 계약금 1,185만4천 원에 매수하라고 거짓말하여 이에 속은 고소인으로 하여금 같은 달 14. 대전 동구 원동 소재 국민은행 대전지점에서 고소외 하동우에게 금 900만 원을 송금하게 하고, 그시경 고소인으로부터 분양 계약금 명목으로 금 1,185만4천 원을 교부받아 합계 금 2,085만4천 원을 편취하였다"는 취지의 허위 내용의 고소장을 작성한 다음 같은 달 26. 위 법원구내 우체국에서 위 고소장을 부동산 현장 사진 5매, 부동산 매매계약서 사본 1통, 영수증 사본 1통과 함께 대전서부경찰서에 우송하여 같은 날 접수되게 하여 위 김병호을 무고하고, 2) 같은 해 9.6. 20 : 00경 위 피고인의 집에서 "피고소인 이갑수는 김명숙과 공모하여 1992.4.14. 대전 중구 삼천동 소재 ○○○ 부동산 중개인 사무실에서 고소인에게 황실타운 ○○○동 ○○○호가 이갑수의 명의로 당첨이 되었는데 프리미엄 900만 원 및 분양 계약금 1,185만4천 원에 매수하라고 거짓말하여 이에 속은 고소인으로 하여금 같은 달 14. 대전 동구 원동 소재 국민은행 대전 지점에서 고소외 하동우에게 금 900만 원을 송금하게 하고, 그시경 고소인으로부터 분양 계약금 명목으로 금 1,185만4천 원을 교부받아 합계 금 2,085

만4천 원을 편취하였다"는 취지의 허위 내용의 고소장을 작성한 다음 같은 달 9. 위 법원 구내 우체국에서 위 고소장을 대전동부 경찰서에 우송하여 다음 날 접수되게 하여 위 이갑수를 무고하고,

2. 위와 같이 피고인과 위 김명숙 간의 분쟁을 중재하려 하던 피해자 김병호 및 위 김명숙이 중개 보조원으로 근무하던 ○○○ 부동산 중개인 사무소의 명의자인 김갑술을 상대로 마치 동인들이 위 김명숙과 공모하여 피고인으로부터 금원을 편취한 것인 양 민사소송을 제기하여 동인들로부터 금원을 편취하기로 마음먹고, 1992.8.20. 14 : 00경 대전 중구 선화동 소재 대전지방법원 민사과에서 "피고 김갑술, 같은 김병호, 같은 김명숙은 공모하여 원고에게 접근하여 둔산택지개발사업지구에서 분양하는 아파트를 사두면 많은 이득을 볼 수 있다고 원고를 기망하여 1. 소외 이종태 명의의 수정아파트 31평형 ○동 ○○○○호를 매수하여 주겠다면서 금 3,590만4,085원을, 2. 소외 이갑수 명의의 황실타운 ○○○동 ○○○호를 매수하여 주겠다면서 금 2,085만4천 원을, 3. 김명수 명의의 황실타운 ○○○동 ○○○호를 매수하여 주겠다면서 금 2,845만2천 원을 교부받는 등 합계 금 8,521만285원을 편취하여 부당이득을 취하였다"는 청구 원인으로 "1. 피고들은 합동하여 위 금원 및 이에 대한 이 사건 소장 부본 송달일로부터 완제일까지 연 2할 5푼의 비율에 의한 지연 손해금을 지급하라"는 등의 청구 취지를 기재한 소장을 제출하여 동 법원을 기망하여 금 8,521만285원 등을 편취하려고 하였으나 피해자들이 이에 응소하여 다투는 바람에 그 뜻을 이루지 못하고 미수에 그친 것이다.

• 증거의 요지

1. 제1회 공판조서 중 피고인의 일부 진술 기재

1. 제3회 공판조서 중 증인 김명숙의 진술 기재

1. 제4회 공판조서 중 증인 채형석·김병호의 각 진술 기재

1. 제5회 공판조서 중 증인 이갑수·구영대의 각 진술 기재

1. 제6회 공판조서 중 증인 안용길의 진술 기재

1. 제16회 공판조서 중 증인 김명수·길강호의 각 진술 기재

1. 제17회 공판조서 중 증인 박영자·김갑술의 각 진술 기재

1. 제18회 공판조서 중 증인 송승준의 진술 기재

1. 제19회 공판조서 중 증인 신호철의 진술 기재

1. 증인 채형석의 이 법정에서의 진술

1. 검사 작성의 김명숙·이종태에 대한 각 피의자 신문조서의 각 진술 기재

1. 검사 작성의 채형석·조은숙·이종태·박경동·김명숙·안용길·김명수·
   구영대·김병호·이갑수·김경훈·김갑술·이정임에 대한 각 진술 조서
   의 각 진술 기재

1. 사법경찰리 작성의 채형석·이종태·김명숙·구영대·김갑술·김병호·
   이갑수에 대한 각 피의자 신문조서의 각 진술 기재

1. 사법경찰리 작성의 박경동·정진우·조은숙·안용길·김명숙·정은옥·
   채형석·김명수·이갑수·구영대·안종대·김병호·길강호·최성갑에 대
   한 각 진술 조서의 각 진술 기재

1. 대전지방검찰청 검찰주사 김갑수 작성의 각 수사 보고서의 각 기재

● 법령의 적용

1. 각 형법 제156조(판시 각 무고의 점), 형법 제352조, 제347조 제1항
   (판시 사기 미수의 점, 징역형 선택)

1. 형법 제37조 전단, 제38조 제1항 제2호, 제50조(죄질 및 범정이 가장
   무거운 판시 제1의 무고죄에 정한 형에 경합범 가중)

1. 형법 제57조

1. 형법 제62조 제1항, 제51조(초범, 연령, 범행의 동기, 수단, 결과, 그간
   의 미결구금일수 등 참작)

1994.12.27.

판사 ○○○

대전지방법원 2002재고단2 판결문(2006.6.30)

사건	2002재고단2 가. 무고, 나. 사기무고
피고인	임정자(431013-○○○○○○○), 무직
	주거 대전 송파구 삼전동 ○○-○, ○○빌라 ○○○호
	본적 마산시 중성동 ○○
검사	○○○
변호인	변호사 ○○○
재심대상판결	대전지방법원 1994.12.27. 선고. 93고단153,
	1324(병합) 판결
판결 선고	2006.6.30.

• 주문

피고인을 징역 6월에 처한다.

이 판결 선고 전의 구금일 수 중 265일을 위 형에 산입한다.

다만, 이 판결 확정일로부터 1년간 위 형의 집행을 유예한다.

이 사건 공소사실 중 김명숙·김병호·이갑수에 대한 각 무고의 점과 사기

미수의 점은 무죄.

• 이유

범죄 사실

피고인은,

대전 서구 갈마동 ○○○의 ○○ 소재 피고인 소유 주택에 대한 근저당
권자인 주식회사 서울신탁은행의 경매신청에 의하여 피고인 소유의 위
주택이 경매당하게 되자 평소 알고 지내던 대전 동구 정동 ○○ 소재 경
매가이드 ○○지사를 경영하는 피해자 채형석에게 경매가 끝나면 이자
를 두둑이 쳐서 갚아 주는 조건으로, 피고인의 돈에 동인의 돈을 합하여
동인의 이름으로 경락을 보아 너무 낮은 가격으로 경락되지 않게 해달라
고 부탁하여, 동인으로 하여금 1991.8.5.경 대전 중구 선화동 소재 대전
지방법원에서 피고인으로부터 교부받은 금 2,500만 원에 동인 소유의
금 1,100만 원을 합한 도합 금 3,600만 원에 동인 명의로 위 주택을 경락
받도록 하고, 1991.8.9. 대전 서구 둔산동 소재 수정아파트 모델하우스
앞길에서, 피고인이 통장을 매수, 분양 신청하여 당첨된 공소 외 이종태,
같은 송승준 명의의 아파트 분양 계약금으로, 동인으로부터 금 1,900만
원을 차용하여 위 아파트의 분양 계약금으로 납입한 다음, 동인을 허위
고소하여 동인으로 하여금 형사 처벌을 받도록 함으로써 위 금 3,000만
원을 돌려주지 아니하기로 마음먹고, 사실은 1991.8.9. 위 경매가이드
○○지사에서 위 채형석에게 위 금 3,000만 원에 대한 담보로 송승준, 위
이종태 명의의 아파트 분양 계약서를 맡겼으며, 1992.4.29. 16 : 00경부
터 23 : 00경까지 자신이 위 이종태의 통장을 매수하여 아파트 당첨이 되
었으니 앞으로 잘 부탁한다면서 위 이종태가 경영하는 같은 시 중구 문
창동 소재 ○○양복점에 찾아갔다가 위 이종태의 전화 연락을 받고 위

192

양복점으로 찾아온 위 채형석과 위 채권·채무 관계 및 아파트 분양 계약서 문제로 서로 말다툼한 사실이 있을 뿐, 위 채형석에 의하여 동인 운전의 승용차 안에 약 2시간 동안 감금당하거나 피고인이 위 감금 상태에서 도피하면서 위 승용차 안에 놓아 둔 위 분양 계약서를 위 채형석이 임의로 가져간 사실, 위 ○○양복점에서 위 채형석이나 위 이종태로부터 협박당하여 금원이나 아파트 분양 계약서를 갈취당할 뻔한 사실이 전혀 없음에도 불구하고, 1992.5.28.경 대전 중구 선화동 ○○○의 ○○ 소재 피고인의 집에서 "피고소인 채형석은, 1. 1991.8.9. 17 : 00경부터 같은 날 19 : 00경까지 피고소인 운전의 르망 승용차에 고소인을 태워 대전 유성구 소재 경하장 호텔 뒤 상호 불상의 여관 앞까지 질주하여 고소인으로 하여금 승용차 안에서 내리지 못하도록 함으로써 약 2시간 동안 고소인을 감금하고, 고소인이 도피하면서 위 승용차 안에 두고 간 고소인 소유의 아파트 분양 계약서 2통을 임의로 가져가서 횡령하고, 2. 1992.4.29. 16 : 00경부터 같은 날 23 : 00경까지 대전 중구 문창동 소재 이종태 경영의 ○○ 양복점에서 양복점 문을 안으로 걸어 잠근 후 고소인을 그곳 소파 위에 집어던지면서 분양 계약서를 양도하여 주든지 아니면 금 3,000만 원을 내어 놓아라. 그렇지 않으면 검찰에 아파트 투기로 고발하겠다면서 협박하여 고소인으로부터 금원이나 아파트 분양 계약서를 갈취하려 하였으나 고소인이 완강히 거부하는 바람에 그 뜻을 이루지 못하고 미수에 그쳤으니 피고소인을 처벌하여 달라"는 취지의 허위 내용의 고소장을 작성한 후, 1992.5.29. 대전 동구 법동 310의 2 소재 대전동부경찰서 민원실에서 위 고소장을 제출하여 위 채형석을 무고하였다.

• 증거의 요지

1. 제4, 22회 공판조서 중 증인 채형석의 각 진술 기재

1. 검사 작성의 이종태에 대한 피의자 신문조서의 진술 기재

1. 검사 작성의 조은숙·박경동에 대한 진술 조서의 진술 기재

1. 사법경찰리 작성의 정진우에 대한 진술 조서의 진술 기재

• 법령의 적용

1. 범죄 사실에 대한 해당 법조 : 형법 제156조(징역형 선택)

1. 미결 구금일 수의 산입 : 형법 제57조

1. 집행유예 : 형법 제62조 제1항

무죄 부분

이 사건 공소사실 중 김명숙·김병호·이갑수에 대한 무고의 점과 사기 미
수의 점에 관하여 살핀다.

1. 이 부분 공소사실의 요지

가. 1992.7.15.경 대전 중구 선화동 ○○○의 ○○ 소재 피고인의 집에
    서, "피고소인 김명숙은 고소인에게 아파트를 분양받게 하여 줄 의사
    와 능력이 없음에도 불구하고, 1. 1991.5.20. 11 : 00경 대전 서구 갈
    마동 ○○○의 ○○ 소재 고소인의 집에서, 고소인에게 황실타운 ○
    ○○동 ○○○호가 동생인 김명수 명의로 당첨되었는데, 프리미엄
    1,450만 원 및 분양가 6,000만 원에 매수하면 계약금 지불과 동시에
    명의 이전에 필요한 일체의 서류를 교부하여 주고 매매 계약서를 공

증하여 준 후 명의 이전하여 주겠다는 취지로 거짓말하여, 이에 속은 고소인으로부터 같은 날 12 : 00경 같은 장소에서 프리미엄 1,450만 원과 복비 200만 원을 교부받는 등 3회에 걸쳐 합계 금 2,645만2천 원을 교부받아 이를 편취하고, 2. 1992.4. 중순경 대전 중구 삼천동 소재 ○○○ 부동산 중개인 사무소에서, 고소인에게 황실타운 ○○ ○동 ○○○호가 이갑수 명의로 당첨되었는데 프리미엄 900만 원 및 분양가 6,000만 원에 매수하면 계약금 지불과 동시에 명의 이전에 필요한 일체의 서류를 교부하여 주고 매매 계약서를 공증하여 준 후 명의 이전하여 주겠다는 취지로 거짓말하여, 이에 속은 고소인으로 하여금 프리미엄 명목으로 1992.4.14. 15 : 00경 대전 동구 원동 소재 국민은행 대전 지점에서 공소 외 하동우에게 금 900만 원을 송금하게 하고, 1992.5.2. 15 : 00경 위 ○○○ 부동산 중개인 사무실에서, 고소인으로부터 액면 금 1,185만4천 원짜리 자기앞수표 1장을 교부받아 합계 금 2,085만4천 원 상당을 편취하는 등 2회에 걸쳐 도합 금 4,730만6천 원을 편취하였다"는 취지의 허위 내용의 고소장을 작성한 다음 1992.7.14. 같은 구 선화동 소재 법원 구내 우체국에서 위 고소장을 자기앞수표 사본2통, 주택분양신청 접수증 사본 2통, 주택청약정기예금 통장 사본 1통, 아파트 매매계약서 사본 1통, 녹취서 1통과 함께 대전서부경찰서로 우송하여 다음 날 위 경찰서에 접수되게 하여 동인을 무고하고,

나. 1) 1992.8.25. 10 : 00경 위 피고인의 집에서 "피고소인 김병호는 김명숙과 공모하여 1992.4.14. 대전 중구 삼천동 소재 ○○○ 부동산 중개인 사무실에서 고소인에게 황실타운 ○○○동 ○○○호가

이갑수의 명의로 당첨되었는데 프리미엄 금 900만 원 및 분양 계약금 1,185만4천 원에 매수하라고 거짓말하여 이에 속은 고소인으로 하여금 1992.4.14. 대전 동구 원동 소재 국민은행 대전 지점에서 고소외 하동우에게 금 900만 원을 송금하게 하고, 그 시경 고소인으로부터 분양 계약금 명목으로 금 1,185만4천 원을 교부받아 합계 금 2,085만4천 원을 편취하였다"는 취지의 허위 고소장을 작성한 다음 1992.8.25. 위 법원구내 우체국에서 위 고소장을 부동산 현장사진 5매, 부동산 매매계약서 사본 1통, 영수증 사본 1통과 함께 대전서부경찰서에 우송하여 같은 날 접수되게 하여 위 김병호를 무고하고,

2) 1992.9.6. 20 : 00경 위 피고인의 집에서 "피고소인 이갑수는 김명숙과 공모하여 1992.4.14. 대전 중구 삼천동 소재 ㅇㅇㅇ 부동산 중개인 사무실에서 고소인에게 황실타운 ㅇㅇㅇ동 ㅇㅇㅇ호가 이갑수의 명의로 당첨이 되었는데 프리미엄 900만 원 및 분양 계약금 1,185만4천 원에 매수하라고 거짓말하여 이에 속은 고소인으로 하여금 같은 달 14. 대전 동구 원동 소재 국민은행 대전 지점에서 고소외 하동우에게 금 900만 원을 송금하게 하고, 그 시경 고소인으로부터 분양 계약금 명목으로 금 1,185만4천 원을 교부받아 합계 금 2,085만4천 원을 편취하였다"는 취지의 허위 내용의 고소장을 작성한 다음 1992.9.9. 위 법원 구내 우체국에서 위 고소장을 대전동부경찰서에 우송하여 다음 날 접수되게 하여 위 이갑수를 무고하고,

다. 1992.8.20. 14 : 00경 대전 중구 선화동 소재 대전지방법원 민사과에

서, "피고 김갑술, 같은 김병호, 같은 김명숙은 공모하여 원고에게 접근하여 둔산택지개발사업지구에서 분양하는 아파트를 사두면 많은 이득을 볼 수 있다고 원고를 기망하여 1. 소외 이종태 명의의 수정아파트 31평형 ○동 ○○○○호를 매수하여 주겠다면서 금 3,590만 4,085원을, 2. 소외 이갑수 명의의 황실타운 ○○○동 ○○○호를 매수하여 주겠다면서 금 2,085만4천 원을, 3. 김명수 명의의 황실타운 ○○○동 ○○○호를 매수하여 주겠다면서 금 2,845만2천 원을 교부받는 등 합계 금 8,521만285원을 편취하여 부당이득을 취하였다"는 청구 원인으로 "1. 피고들은 합동하여 위 금원 및 이에 대한 이 사건 소장부본 송달일로부터 완제일까지 연 2할 5푼의 비율에 의한 지연손해금을 지급하라"는 등의 청구 취지를 기재한 소장을 제출하여 동 법원을 기망하여 금 8,521만285원 등을 편취하려고 하였으나 피해자들이 이에 응소하여 다투는 바람에 그 뜻을 이루지 못하고 미수에 그친 것이다.

2. 판단

이 부분 공소사실에 부합하는 안용길·구영대·김병호·김명수·김명숙·이갑수의 각 법정 및 수사기관에서의 진술은 안용길에 대한 대전지방법원 96고단3391, 같은 법원 99노267 위증 사건, 구영대·김병호·김명수·김명숙에 대한 같은 법원 99고단506, 99고단1366(병합), 99고단3039(병합) 모해위증 등 사건, 이갑수에 대한 같은 법원 2000고단1293 모해위증 사건에서의 각 확정된 판결문들의 기재에 비추어 믿기 어렵고 다른 증거능력 있는 증거들도 위 판결문에 기재에 비추어 믿기 어렵거나 이 부분 공소사실을 인정하기에 부족하며, 달리 이 부분 공소사실을 인정할 증거가 없다.

따라서 이 부분 공소사실은 범죄의 증명이 없는 때에 해당하므로 형사소송법 제325조 후단에 의하여 피고인에게 무죄를 선고한다.

피고인 주장에 대한 판단

피고인은 채형석에 대한 무고의 점에 대하여도 무죄가 선고되어야 한다는 취지로 주장하나, 위 안용길·구영대·김병호·김명수·김명숙·이갑수에 대한 각 위증 또는 모해 위증 사건은 채형석에 대한 무고의 점에 대한 것이 아니어서 채형석에 대한 무고의 점에 대하여는 재심사유가 인정되지 않아 유죄를 인정한 재심 대상 판결을 파기할 수 없으므로 피고인의 이 부분 주장은 이유 없다.

판사 ○ ○ ○

대법원 제3부 2009도7287 판결문(2009.10.15)

사건	2009도7287 무고
피고인	임정재(431013-○○○○○○○), 의상실 직원
	주거 서울 서초구 방배동 ○○○-○, ○○○
	등록기준지 마산시 중성동 ○○
상고인	피고인
원심판결	대전지방법원 2009.7.7. 선고 2006노1242 판결
판결선고	2009.10.15

● 주문

상고를 기각한다.

● 이유

상고이유를 본다.

경합범 관계에 있는 수개의 범죄 사실을 유죄로 인정하여 한 개의 형을
선고한 불가분의 확정판결에서 그중 일부의 범죄 사실에 대하여만 재심
청구의 이유가 있는 것으로 인정된 경우에는 형식적으로는 1개의 형이

선고된 판결에 대한 것이어서 그 판결 전부에 대하여 재심개시의 결정을 할 수밖에 없지만, 비상구제수단인 재심제도의 본질상 재심사유가 없는 범죄 사실에 대하여는 재심개시결정의 효력이 그 부분을 형식적으로 심판의 대상에 포함시키는 데 그치므로 재심법원은 그 부분에 대하여는 이를 다시 심리하여 유죄 인정을 파기할 수 없고, 다만 그 부분에 관하여 새로이 양형을 하여야 하므로 양형을 위하여 필요한 범위에 한하여만 심리를 할 수 있을 뿐이다(대법원 1996.6.14. 선고 96도477 판결, 대법원 2001.7.13. 선고 2001도1239 판결 등 참조).

원심 판결 이유에 의하면, 원심은 이 사건 공소사실 중 채형석에 대한 무고의 점에 대해서는 형사소송법 제420조 각 호에서 정한 재심사유가 있다고 볼 수 없으므로 이 부분에 관하여 유죄를 인정한 재심대상판결을 파기할 수는 없다고 하여 이 부분에 대하여 유죄를 인정한 제1심판결을 유지하였는바, 앞서 본 법리와 기록에 비추어 보면 이런 원심의 조치는 정당하여 수긍이 가고, 거기에 상고이유 주장과 같은 법리오해, 판단유탈, 채증법칙 위배 등의 위법이 없다.

그러므로 상고를 기각하기로 하여 관여 대법관의 일치된 의견으로 주문과 같이 판결한다.

재판장   대법관   ○ ○ ○
주심   대법관   ○ ○ ○
          대법관   ○ ○ ○
          대법관   ○ ○ ○